英语教学设计基础与教学策略研究

杜会 王继昂 焦雪松 著

延吉·延边大学出版社

图书在版编目（CIP）数据

英语教学设计基础与教学策略研究 / 杜会，王继昂，焦雪松著. -- 延吉：延边大学出版社，2024.8.
ISBN 978-7-230-06945-8

Ⅰ．H319.3

中国国家版本馆 CIP 数据核字第 2024U4C874 号

英语教学设计基础与教学策略研究

著　　　者：	杜　会　王继昂　焦雪松
责任编辑：	魏琳琳
封面设计：	文合文化
出版发行：	延边大学出版社
社　　　址：	吉林省延吉市公园路 977 号
邮　　　编：	133002
网　　　址：	http://www.ydcbs.com
E-mail：	ydcbs@ydcbs.com
电　　　话：	0451-51027069
传　　　真：	0433-2732434
发行电话：	0433-2733056
印　　　刷：	三河市嵩川印刷有限公司
开　　　本：	787 mm×1092 mm　1/16
印　　　张：	9
字　　　数：	200 千字
版　　　次：	2024 年 8 月　第 1 版
印　　　次：	2024 年 8 月　第 1 次印刷

ISBN 978-7-230-06945-8

定　　价：68.00 元

前　　言

随着经济全球化的深入发展，各个国家之间的合作与交流日益密切，英语作为重要的信息载体之一，已成为人类在各个领域中使用最广泛的语言。许多国家都将英语教育作为公民素质教育的重要组成部分，并将其摆在突出的地位。

在"应用型人才培养"的指导思想下，我国英语课程的课堂应该回归英语的本质，即从单纯的知识传输课堂转变为获取其他知识的工具型课堂，同时强调学生英语综合应用能力的提高。首先，通过英语教学，重点培养学生的英语综合应用能力和借助英语了解国外前沿的科技进展、管理经验和思想理念，了解世界优秀的文化和文明的能力；其次，要有效传播中华文化，促进与各国人民的广泛交往，提升国家软实力；最后，帮助学生树立世界眼光，培养国际意识，提高人文素养。因此，过硬的英语综合应用能力是学生创新知识、培养能力、全面发展、迎接全球化时代挑战的必备素养。

教学设计是指教师为了优化教学过程，提高教学质量，以认知学习理论、教育传播理论和系统科学理论为基础，根据学生的学习特点和自身的教学风格，对教学过程的各环节、各要素预先进行科学的计划、合理的安排，制定出整体教学运行方案的过程。只有高效的教学设计才可以在有限的时间里最大限度地利用教育资源，使学生得到最有效的学习，更大幅度地提高学生各方面的能力。教师的主导作用和学生的自主性学习也可以在课堂上得到充分体现。遵循学习效果最优的原则，根据教学目的，确定通过哪些具体的教学内容和教学活动以及相应的教学策略才能达到一定的教学目的，从而满足学生的学习需要。因此，英语教学设计必须符合学生的需要，必须对课堂教学有指导作用。

教学策略是英语教师为达到英语教学的目标而采取的相对系统的行为。教学策略的选择与运用是英语教学顺利开展的重要保证，是优化英语教学过程的重要手段，也是提升英语教学效果的重要途径。当今时代给英语教学带来诸多机遇，同时也赋予英语教学新的任务和新的要求，传统的英语教学策略与模式已经不能适应当今时代的发展，也不能满足当今社会对人才的需求，因此，英语教育者必须与时俱进，抓住时代给教学带来的机遇，不断创新英语教学策略，积极探索英语教学模式，以促进英语教学的创新与持续发展。高校英语教学模式以建构主义理论、人本主义学习理论和后现代主义教学观为理论指导，以问题解决型、任务型教学法和抛锚式教学模式为主要教学方法，以培养学生听、说、读、写、译英语综合应用能力和研究能力为主要目标；强调以学生为学习主体，在教师的引导下，借助计算机网络技术，以小组合作的学习形式进行个性化、自主式的研究，在实践中锻炼和提高学生的英语综合运用能力、自主学习能力、研究能力以及综合文化素养。

本书从英语教学理论入手，对英语教学设计基础与教学策略进行了系统的研究，详细阐述了英语教学设计的理论基础、英语个性化教学策略、混合式教学策略以及反思式教学策略等内容，以期为英语教师提供一定的教学思路，提高教学效率和教学效果，使教师的主导作用和学生的自主性学习在课堂上得到充分体现。

本书在撰写过程中参考了许多专著和文献，在此对相关作者表示谢意。鉴于课程涉及的知识面较广，而作者水平有限，书中难免有不妥之处，敬请读者批评指正。

目　录

第一章　英语教学概述 ··· 1
第一节　英语教学的基础知识 ·· 1
第二节　英语教学的对象与环境 ·· 4
第三节　英语教学的思路与原则 ··· 10
第四节　英语教学的策略与方法 ··· 13

第二章　英语教学设计理论基础 ··· 18
第一节　建构主义理论 ·· 18
第二节　语篇分析理论 ·· 22
第三节　人本主义教学理论 ·· 24
第四节　图式教学理论 ·· 33

第三章　英语教学课程设计基础 ··· 40
第一节　英语阅读课程设计 ·· 40
第二节　英语听力课程设计 ·· 53
第三节　英语写作课程设计 ·· 64
第四节　英语口语课程设计 ·· 73

第四章　英语个性化教学策略研究 ··· 83
第一节　个性化教学理论基础 ·· 83
第二节　个性化教学系统分析与设计 ····································· 85
第三节　个性化教学的基本要求 ·· 92
第四节　个性化教学的评价 ·· 97

第五章 英语混合式教学策略研究 ··································· 104

　第一节 混合式教学的文化建构 ······································· 104

　第二节 混合式教学的质量监控 ······································· 107

　第三节 混合式教学中的交互作用 ····································· 109

第六章 英语反思性教学策略研究 ··································· 114

　第一节 反思性教学概述 ··· 114

　第二节 英语教师反思的主要内容 ····································· 117

　第三节 英语教师教学反思的主要形态和方法 ··························· 129

参考文献 ··· 137

第一章 英语教学概述

经过社会、学校和师生的共同努力，我国的高校英语教学在改革开放之后取得了巨大进步。但与此同时，很多问题也开始显现出来，高校英语教学面临着多方面的困难和挑战。基于此，我们应重新认识高校英语教学，了解其内容、理论、原则等，从而更好地完善我国高校英语教学体系。

第一节 英语教学的基础知识

英语教学所涉及的方面是非常广泛的，可以将其理解为一种融理论、方式、方法和改革于一体的综合性语言教学活动。本节主要从英语教学的内涵、本质、要素与特点着手，为后面的论述做好铺垫。

一、英语教学的内涵

英语是我国使用较广的一门外语，但其缺乏一定的语言使用环境与使用对象，这就给英语教学提出了难题。可以说，英语教学能够直接影响学生的英语水平和语言运用能力。英语教学是一种教育活动，对教师而言，教学是引导学生学习的教育活动；而对学生而言，教学则是在教师引导下的学习活动。学生是否得到发展是教学能否实现其目标的关键。教学是一个师生互动的过程，是教师教和学生学，师生共同完成预定任务的、双边统一的活动。

具体来说，英语教学的内涵主要体现在以下三个方面：

第一，英语教学是有目的的活动。英语教学的不同阶段有着不同的目标，而教学目标又具体分为不同的领域与层次。

第二，英语教学带有系统性和计划性。这种系统性主要体现在其制定者主要为教育行政机构、教研部门和学校的教学管理部门等。英语教学的计划性指的是对英语基础知识的计划性教学，如英语语音、词汇、语法、写作、阅读等具体知识和技能的传递。

第三，英语教学需要采取合理的教学方法和教育技术。英语教学经过深厚的历史积淀，形成了大量有效的教学方法。现代科学技术，尤其是信息技术的发展，为英语教学提供了可以借助的多种教育技术。

综上所述，可以将英语教学的内涵概括为：教师依据一定的英语教学目的与教学目标，在有计划的、系统的过程中，借助一定的方法和技术，以传授和掌握英语知识为基础，促进学生整体素质发展的、教与学相统一的教育活动。

二、英语教学的本质

英语教学不仅仅是一种语言教学，同时也是一种文化教学。下面对这两个方面进行分析：

（一）英语教学是一种语言教学

英语是一种重要的国家交际语言，因此英语教学也是一种语言教学。语言教学的目的是培养学生使用语言的能力。对于中国人来说，英语作为第二语言，是一门外语，英语教学也就是外语教学。从人类外语教学的发展历史来看，外语教学离不开外语知识教学。因此，英语教学作为语言教学，其本质应该是培养学生综合运用英语的能力。

需要特别指出的是，一些通过学习语言知识而进行专门研究的语言教学并不是以运用语言为目的的，其并不属于语言教学的范畴，如古希腊语的研究、古汉语的研究等。

（二）英语教学是一种文化教学

文化孕育语言，语言反映文化，二者有着密切的联系。在进行英语教学的过程中，教师不仅需要让学生了解基本的语言知识，同时也需要培养和提高其英语思维能力。从这个意义上来说，英语教学也是一种文化教学。

三、英语教学的要素

教学的组成要素较多，它们构成了一个复杂的系统。一般认为，英语教学的要素可从实体与非实体两个角度进行划分。

从实体角度划分，英语教学的要素主要有教师、学生、教学媒介等。学生在进行英语学习时需要英语教师的引导，因此英语教师对学生来说至关重要，并且直接影响着学生的英语水平。在英语教学过程中，学生是主体，是构成教学系统的基本要素。教学媒介，即指在教与学的过程中，教师与学生或学生与学生之间，为了相互传递信息，所使用的媒介物。教学媒介包括实验设备、教材、课本等，对教学质量有较大影响。

从非实体角度划分，英语教学的要素主要有教学内容、方法、目标、评价，教师的教学水平，学生的学习能力、思想水平，以及学校的校风等。

在对英语教学进行研究时，掌握和了解教学元素是一切活动开展的基础。多年来，我国英语教学一直遵循"以教师为主"的教学原则。教师是课堂的主体，学生是被动接受的对象，"输入式"教学成为英语课堂教学的主要特征。这使许多学生感到英语课枯燥无味，并渐渐失去对英语学习的兴趣。如今，新课程改革的春风吹遍了每一个角落，英语教师应转变观念，发挥学生的主体作用，以提高英语课堂教学效率，提高学生综合运用英语的水平。

四、英语教学的特点

英语教学的特点中最重要的一点是英语教学强调培养学生的跨文化交际能力。语言承载、体现并传播着文化，文化借助语言得以传承，所以二者关系紧密。英语是被广泛使用的语言，它对整个世界的发展都发挥着重要作用。作为培养英语人才的重要手段，英语教学特别注重对学生跨文化交际能力的培养。另外，素质教育与21世纪人才培养都要求培养学生的跨文化交际能力。通过对文化差异知识的学习和研究，学生能学会从不同角度看待和思考问题，从而提高综合素质。英语是一种交际工具，英语教学的目的是培养学生的交际能力，这就要求教师在教学过程中重视英语的工具性特征。除满足学生的语言输入外，教师还应注重语言输出问题，培养学生的说、写和译等技能，这是因为语言是在不断使用中被掌握的。总体而言，英语教学既可以提高学生的英语能力，又可以增强学生的跨文化交际能力。

此外，英语教学的内容充满感染力，英语教学的过程具有交互性，这也是英语教学的重要特点。

第二节 英语教学的对象与环境

一、英语教学的对象

主体性教育是根据社会和现代教育发展的需要，以启发和引导受教育者内在教育为主要需求目标，并培养学生成为独立自主、自觉能动、积极创造地参与实践活动的社会主体的教育。在整个教学活动中，学生是特定的认识主体和信息交换的主体。在教育活动中，学生主观能动性的发挥对教育活动的成效起着重要作用。在新一轮的课程改革中，教学活动越来越重视学生在教学过程中的重要性，不再一味强调教师应该如何进行教学，也不再一味强调教师主体的重要性，而是开始全方位地关注教育的双方，尤其是作为受教育对象——学生的主体作用。实施教育改革，进行素质教育，最基本的一点就是一定要转变学生的地位，让学生由被动的知识接受者，变为主动的知识接受者，变苦学为乐学。课程改革要求"坚持以学生为本，以学生发展为主体"。这就要求今后教师在课堂教学中着重关注受教育对象，要以培养学生的基本技能、创新能力为主，让学生成为课堂的主人，教师只是课堂的导演，课堂上要让学生积极参与教学，充分发挥学生的主体性。

学生是一个特殊的社会群体，其既是社会存在的重要组成部分，同时又有不同于其他社会群体的特殊性。学生是素质全面发展的人。学生的特殊性表现在其是不断地接受他人教育的群体。无论处在人生的哪一阶段，一旦成为学生，那么在家庭、学校和社会当中，就要不断吸收各种有用的知识，使自己不断成长，不仅包括生理层面上的成长，还包括心理层面的提高。只有这样才能使学生的素质得到全面的发展，最终成为全能的人。

学生都是有"目的"的。学生都有其需求的东西。所谓"学"，是指要学习的东西，学生学习知识都是有目的的，包括生存、学识、爱好等。在不同的年龄阶段，学生的目的也各不相同，但是唯一不变的是学生的学习都是有其存在的合理意义的，所进行的学习活动都是有章可循的。同时，学生是有情感、有需要的，为了满足这些情感和需要，其必须进行学习。

学生具有独特性。学生区别于其他群体的独特性在于其所在的环境和所要遵循的制度是特殊的。正如国家有法制，公司有规章，学生也应遵守适合其身份的纪律。学校是社会中特殊的环境构成体，在这里，学生有区别于社会人的独特一面，即其会在一个相对单纯的环境中学习各种生存和发展的知识和技能。同时，学生具有的自我能动性使其能进行自我做主，努力使自己成为完整的个体。学生是教育活动的主体，但关于学生的主体性特征却存在着若干不同观点：一种观点认为，学生主体性并不是主体各种特性的简单相加，而是它们发展到一定阶段的结晶，是学生"在对象性活动中表现出来的本质特征"，这些特征是能动性、社会性、自主性、创造性。另一种观点认为，所谓主体性，指的是学生作为认识主体在处理外部世界关系时的功能表现。教学认识的主体性，一方面表现在对外部信息的能动的选择上，表现出自觉性、选择性；另一方面表现在对外部信息的内部加工上，受学生原有认知结构、经验、思维方法、情感、意志、性格等的制约，表现出独立性、创造性。也有学者提出，人的主体性是由人的现实性、有效性、能动性、创造性和自主性构成的。还有学者提出主体性的特征是整体性、自主性、能动性、创造性、独特性和发展性等。这些研究都有自身存在的特点，对于人们拓展思路和促进学生主体性问题的思考有着重要意义。

二、英语教学的环境

教学环境从广义上讲包括课堂环境、学校环境、学习环境等，因为所有这些都在某种程度上制约和影响教学效果。所谓环境，主要是指所研究的主体周围的一切情况和条件。它是人们生活于其中，并且影响人的一切外部条件的综合。这个外部条件的综合包括社会生活条件、社会关系的综合和自然条件的综合。教学环境能够极大地影响教学效果。

（一）通过创造良好的教学环境来促进英语教学

英语教学对学生的终身发展的重要性不言而喻，随着社会的不断发展，社会对人才的要求越来越高，拥有一流的英语能力是基本要求。

1.英语教师要更新教育观念

首先，英语教师必须树立科学的教师观、学生观以及教学观，充分尊重学生的主体地位，平等地对待每一个学生，给每个学生充分的爱。其次，教师应有效运用必要的交往技巧，给学生充分表达的机会，用心主动倾听；以学生为学习的主体，设身处地地理解学生；有选择地注意学生在交往过程中表现出的积极面，以尊重和信任的态度对待学生。最后，充分调动每个学生的积极性、主动性，使之投身到英语学习过程中来，以此促进和谐师生关系的可持续发展。

2.英语教师要讲究语言的艺术化

英语教学与母语教学不一样，学生接受的是另一种文化，所以英语教师必须讲究自己语言的艺术化，使学生在学习过程中有一种如沐春风的感觉。为此，英语教师要注意以下四点：

第一，教学语言贵在精，应避免大话、空话、套话、口头禅或喋喋不休。

第二，教学语言重在引导，应在教学过程中深刻发挥引导作用，以助学生思考问题、深入探究、解决疑惑。

第三，教学语言要新而善变，力求避免陈旧而呆板，以激活学生的思维，调动他们的积极性和主动性。

第四，教学语言应生动形象、富于情趣，给学生一种身临其境的感受。

3.利用现代多媒体技术进行教学

英语是一门理论与实践相结合的课程，教师仅仅传授给学生英语知识是远远不够的，还要让学生知道如何运用。因此，英语教师可以使用现代多媒体技术进行教学，如在课堂上播放英语原声电影或原声歌曲，让学生对英美文化有足够的认知，学会进行跨文化交际。

教学环境论给我们很多启示，我们必须意识到学生是教学的主体，必须创建良好的教学环境激发学生的学习动机和欲望，让其愿意学、主动学，并促使他们积极运用，学会与别人进行跨文化交际与沟通，理论与实践相结合，这样学得的英语知识才能长久，为日后的发展奠定良好的基础。

（二）语言环境对于英语学习的重要性

"文化适应模式"是约翰·舒曼在1978年提出的，其为从环境及情感因素的角度来研究第二语言习得提供了理论基础。文化适应模式理论认为，第二语言学习者的语言学习效果取决于其对目的语社团的"社会距离"与"心理距离"。从英语教学的角度来看，所谓"社会距离"是指英语学习者与英语语言社团接触的紧密程度，主要包含社会优势、融合策略、社团封闭、团结紧密度、文化相近、彼此态度这六个方面。

社会优势：社会优势是指英语学习者与英语语言社团所处的社会在经济、政治、文化等方面的平等程度，包括"主导地位""从属地位""平等地位"三个等级。两者所处的社会如果处于"平等地位"，有利于学习者的语言习得；如果某一方处于"从属地位"或"主导地位"，则不利于学习者的语言习得。

融合策略：融合策略是指英语学习者对英语语言社团的文化所采取的融合策略，一般有同化、适应及保留三种。同化策略可极大增加英语学习者同英语语言社团的接触，有利于二语习得。适应策略的效果次之，保留策略的效果最差。

社团封闭：社团封闭指的是英语语言社团与英语学习者在生活、工作或社会设施的使用上的共用程度。双方越是各自封闭，则社会距离就会越大；而越能共融，则社会距离就会越小。

团结紧密度：团结紧密程度指的是英语学习者在英语语言社团里的团结紧密程度。英语学习者的群体规模越大，则社团之间相互接触就越少，社会距离也就越大。

文化相近：文化相近是指英语语言社团与英语学习者之间的文化越相近，则融合就越容易，社会距离也就越小。

彼此态度：彼此态度是指英语语言社团与英语学习者彼此对对方的态度，态度越正面，社会距离就越小。

除了上述社会心理距离因素以外，文化适应模式理论认为还有一种心理距离因素也对第二语言习得产生影响。尤其是当上述社会因素在第二语言习得上不产生影响时，个体和群体的心理因素就将发挥影响。"心理距离"是指英语学习者与英语语言社团由于情感因素而造成的距离，心理距离对英语语言学习产生的影响，主要包含以下四项情感因素：

语言休克：语言休克是指英语学习者在学习或使用英语时所感到的挫败感和恐惧感，学习者在学习和使用语言时越害怕被批评、被嘲笑，则其出现的心理障碍就越大，与所学习的语言之间的心理距离也就越大。

文化休克：文化休克是指英语学习者在进入英语语言社团后，由于文化差异所造成的与英语语言社团交流时所产生的焦虑和抗拒情绪。焦虑越强，则出现的心理距离也就越大。

学习动机：学习动机是指英语学习者在学习英语时所存在的融合型或工具型学习动机。带有融合型学习动机的学习者愿意融入英语语言社团，其心理距离较小；而带有工具型学习动机的学习者为了某种目的需要学习，其融入英语语言社团的兴趣较低，心理距离也就相对较大。

自我渗透：自我渗透是指英语学习者越能与英语语言社团接触则越能扩大自我疆界的渗透力，因此，对英语语言社团的心理距离也就越短。

文化适应模式中，"社会距离"就是"群体距离"，而"心理距离"即"个体距离"。对于学习英语来说，其学习效果因人而异，其中有如年龄、学习能力、学习动机、学习态度等个体性非语言因素在发挥作用，但是由于这些个体差异不一定都很特异，因此，决定英语学习的关键因素还是社会性因素，即使是个体性的因素，如学习能力，在英语学习中也往往与社会性因素相关。

（三）英语教学中创设语言环境的方法

1.运用浸入式教学模式创设英语学习环境

浸入式教学是指使用目的语作为教学语言，即学习者全天或半天浸泡在目的语的环境中，教师以目的语组织各种教育活动和生活活动。浸入式教学模式以"直接学习，类似习得"的学习方式在语言教学过程中突出目的语的工具作用，将目的语的学习和学习者的认知活动有效结合，在丰富的学习内容和活动中以形象、生动、直观有趣的呈现方式来提高目的语的可接受性和应用性。英语学习者应当以互动的方式开展英语学习。语言习得是一种自然的学习方式，是在有意义的语言交际中，通过对语言的理解和使用，自然而然地获得语言的能力。语言交流对于语言学习者来说之所以如此重要，原因在于人们流利的说话能力并非直接从学习中获得的，而是在有意义的互动交流中自然习得的。

不同学科的教学应当有机结合，英语教学应当与不同学科知识的学习互相融合。英语学习应当与日常生活密切联系，应当给学生带来愉快的体验，而非痛苦的经历。创设浸入式教学环境要做到以下五点：

第一，要在师生之间建立平等、友好、和谐的关系。

第二，要开设形式多样的课程，为学生创设全英语学习环境，追求教师不教而教、学生不学而学的佳境。

第三，在开展教学活动中，要肯定、赞赏并鼓励学生有效语言的回应。

第四，要运用直观、形象和形式多样的教具，如多媒体、录音带、教学光盘等来辅助教学。

第五，开展生动、活泼、多样的情景活动，增强语言学习的趣味性，提高学生的学习积极性和主动性。

2.利用英文原版电影进行英语教学

英文原版电影语言真实，是促进英语教学的有效手段。一部好的英文原版影视作品既能涵盖英语语言学习中的语音、语调等要素，又能通过有声有色的画面反映英语国家的社会文化和风俗习惯。在英语教学过程中，赏析英文原版电影有助于为学生创设语言学习环境和氛围，提高学生英语基础知识和听说读写各方面的技巧，使学生从自我兴趣和生活经验出发，在学习过程中形成积极的情感态度，主动思考和大胆实践，提高综合语言的自主学习和运用能力。

在实施英文电影赏析这一情景教学方法之前，教师必须慎重选择教学影片。英美电影作品繁多、庞杂，但并非每一部都是精品，也并不是每一部作品都适合英语教学。当然，所有的英文原版电影从故事情节上都具有休闲娱乐的功能，但是，若忽视了选择标准，则最终只会停留在休闲娱乐的层次上，浪费课堂教学的宝贵时间。为了保证课堂教学的质量，教师必须按照内容是否健康向上、能否忠实反映英语国家主流文化、是否具有深刻的教育意义等几个标准来对影视作品进行筛选，选择语言多样化、文化内涵丰富的影片。此外，为了使学生对影片能有较为全面、深刻的了解，教师应在课前将准备播放的影片中所涉及的历史文化背景知识、人物简介、重点生词、难句、俚语等提前印发给学生，让学生提前预习相关内容，为观看电影做好充分的准备工作。在观看影片的过程中，教师应该组织多样而灵活的练习活动，如角色扮演、自主提问等，继续深化观影感受。课后，教师还要有意识地引导学生进行不同形式的英语技能训练，如小组讨论、写影评、学生自主推荐喜爱的影片供下次赏析等，提高学生的学习主动性，强化其课后学习效果。

3.准自然语言环境的创设

语言是交际工具，只有在特定的语言环境中才能获得。对于母语习得者而言，在自然、真实的语言环境中，其可通过正常的生活和学习在耳濡目染中学会并熟练运用语言。而对于大多数第二语言学习者来说，由于缺乏第一语言环境，多是在母语环境下学习第二语言，缺乏自然的语言环境给第二语言的学习造成了重大障碍。

为了最大限度上减少语言学习的障碍，针对目前英语教学，学校和教育工作者应通过以下三种方式主动为学生创设一个自然而真实的"准自然语言环境"：

一是在课堂教学中尽量采用英语授课，增加"可理解性语言输入"，从而培养学生的英语思维能力，减少母语所造成的负面干扰。

二是根据每个单元特点和主题采用不同的导入方法，并对其精心安排。

三是结合课程内容，开展角色扮演，如模拟点菜、问路、看病等现实生活活动。

在英语教学中创设语言环境，降低社团之间的优势差异，打破社团间的封闭状态，提升融合策略将有助于学生了解英美国家的文化，从而学会接纳英语文化。教师在课堂上为学生营造不怕犯错误、透过错误不断改进学习方法的愉快学习环境，帮助学生克服心理障碍，不失为当前值得广泛借鉴的英语教学方法。

第三节 英语教学的思路与原则

一、英语教学的基本思路

在应试环境的压力下，英语教育仍把升学率作为培养的终极目标，教师苦教，学生苦学，只重视传授应试的书本知识、应试的技能、应试的能力，无视学生的个性特点、个别差异和身心发展的内在要求，阻碍了教学方法的改革。尤其在英语教学中，存在着"重语言知识、轻交际能力"的倾向，大容量、高密度地向学生灌输书本知识，致使许多人学习了十几年的英语还是无法与外国人用英语正常交流。为适应时代的需求，我国对英语教育进行认真研究和深入改革势在必行，这对全面推进素质教育，实现教育面向现代化、面向世界、面向未来具有重大意义。因此，21世纪的英语教学要注入以下的新思想、新理念：

第一，教师应注重自身全面素质的提高。英语教师应该加强各方面教育理论的学习，特别是学习有关英语教与学的心理知识，研读英语教学报刊，提高教学理论水平。在加强自我学习的基础上，英语教师应积极参加再教育学习，接受再培训，不断提高专业水平，进行知识更新，甚至是教育理念的更新，不能只是传授知识，而是应该给学生提供更多的学习方法。教师也要不断提高自己的语音、语调、听说、教学技能以及运用现代化技术进行教学的能力等。教师可以到校外观摩，学习名师的教学方法和教学技巧，灵活使用教学资源和能发挥出学生主体作用的教学技能。在教学工作中，教师应多开展教研教改活动，经常进行听课、讲课、评课工作，与同事进行交流，组织集体备课、课堂教学专题研究、优质课评比等活动，相互学习、共同提高，从而促进自己的教学工作，提高教学教研水平。英语教师还应开动脑筋，通过自制教具、创设情境等方法解决辅助教材不足以及英语教学设备缺乏的问题。

第二，教师应以素质教育为基础，倡导人性化英语教学模式。人性化教育又称为人本教育，体现了学生在教育过程中的主体地位。随着知识经济在全世界的兴起，人性化教育作为一种世界性的教育潮流已成不可阻挡之势，"树立主体意识，造就独立人格"已成为现代国际教育思想变革的一个重要标志，任何成功的教育必须充分考虑到学生的个性特征。

第三，教师应采用多元化的教学方法和教学手段，实施网络环境英语教学的新模式。现代社会信息渠道的多元化必然导致知识获取渠道的多元化。从实施素质教育的高度出发，教师应通过多种教学形式，将学生学习能力的培养有机地渗透到整个教学过程中。为此，教师应努力探寻和运用行之有效的教学方法和教学手段，充分调动学生学习的积极性。

语言是文化的载体，也是文化的主要表现形式，语言离不开文化，文化依靠语言，英语教学作为一种语言教学，当然也离不开文化的教育。例如，英语词汇在长期使用中积累了丰富的文化内涵，所以，教师在教学中要注意对英语词汇的文化内涵和文化背景进行展示和介绍，避免学生望文生义，从词汇本身进行主观而片面的认知和评价。作为英语教师，必须在学习和实践中不断更新教学观念，适应时代要求，从教学的实际出发，不断学习，不断探索，积极投身到素质教育的伟大实践中去，走进新课程，拥有新思想，迎接新挑战。

二、英语教学的原则

（一）了解学生，有的放矢

教师应全面、深入地了解学生的英语基础。在高校中，会有一部分学生英语基础薄弱，没有学习英语的动力，也没有养成良好的学习习惯，这时英语教师必须有耐心和信心去帮助学生。否则，上英语课时，学生总是以疑惑的眼神望着教师，久而久之就会产生放弃学习英语的念头。教师只有掌握了学生的基本情况，才能做到有的放矢，找到适合学生的教学内容和教学方法。

（二）激发兴趣，永不言弃

首先，教师上课时要充满激情。英语教师要把每一堂课当成是一次演讲，把每个学生当成是重要的听众。教师上课有气场，学生的注意力才能集中，教师良好的精神状态是会传递给学生的。许多优秀教师上课时，总是激情四溢，学生听得津津有味，这样很容易引起学生的学习兴趣，达到良好的教学效果。如果教师上课时打不起精神，学生就容易出现开小差、打瞌睡、玩手机、看课外书等现象，更谈不上对英语课产生兴趣。其次，教师上课时，还要善于运用幽默的语言进行教学。教师的幽默总是能够让课堂轻松愉快，让师生关系和谐，幽默能够让严厉的批评变得富有人情味。最后，英语教学要面向全体学生，教师要不放弃每一个学生，关注学生的英语学习情况，争取让每个学生都对英语保持一份热情。教师要多去关心学生，在学习英语方面给予更多的指导，慢慢激发他们的学习兴趣。

（三）选好助手，齐心协力

在英语课堂上，要想较好地完成活动任务，靠英语教师一个人的力量是不够的。因此，教师要把全班学生分好小组，并且每组选好一个小组长，让小组长来当本组的教师助手，帮助教师和学生完成任务。

（四）提升能力，精益求精

教师要想上好英语课，就需要不断提升自身的业务能力，在课堂教学中发挥出教师的主导作用，合理利用多媒体教学手段，积极参加业务能力培训，使英语教学精益求精。

第四节 英语教学的策略与方法

一、英语教学策略

教学策略是指教师为达到预期教学目的、促进学生有效学习、实现教学有效性所采取的教学行为。以往的英语课程教学策略是以教师为主导、学生被动接受的传统模式。此种教学策略带来的后果是学生学习的主动性与积极性难以被调动起来，教学效果不尽如人意。英语教学必须彻底摆脱此种陈旧的教学策略，并精心研究探讨新的、有效的教学策略。从教师的角度来说，必须以现代教育理念替代传统教学理念，用新知取代旧识，指导其教学活动，要通过不断学习，全方位地提高自身的教学相关能力，并能够在教学的过程中进行反思，在改进中反思，在反思中改进，进而提升自己的整体能力。从师生关系来说，在教学活动中，要从以教师为本转变为以学生为本，在关心学生进步和发展的同时，还要关注教学效益和教学效果的提高。

（一）更新理念，指导英语教学活动

教师要及时更新教育理念，用现代教育理念来武装自己的头脑。新的教育理念主要包括创新教育理念，以学生为本的教育理念，全面发展的教育理念，强调学生主体性、个性化的教育理念，以及开放性的教育理念。英语教师要与时俱进，用新的教育理念来指导自己的教学活动，从而实现教师角色的根本转变。在教学中，要从以教师为主体转变为以学生为主体，教师要由知识的讲授者逐步转变为学生学习行为的引导者和评估者，在教学的过程中以学生为本，重视学生的共性与个性，关注学生在英语学习中的现实需要和未来发展需要，挖掘学生的潜能，给学生展现自己的空间，使学生在英语基础知识、英语交际能力等方面获得均衡的发展，从而提高学生的英语综合能力，最终实现教学目的。此外，教师在教学过程中可以运用多媒体等多种现代教育手段和教育模式提升教学质量与效果。

（二）在实践中不断提升自身的综合教学能力

英语教师的综合教学能力对最终的教学效果有直接的影响。因此，教师应不断提升自己的综合教学能力，尤其是英语专业知识和多媒体应用知识，使自己的教学活动开展得游刃有余。另外，教师在进行英语教学时，不仅仅要教会学生如何通过各类考试，更重要的是要教会学生如何使用英语进行听、说、读、写，如何能够进行流畅的交流。这些也要求教师不断提升自身的综合教学能力，并想方设法在教学中为学生创设语言交际环境，使学生的英语知识在实际应用中得以巩固和实践，真正做到学以致用。具体细化到课堂教学中，则分为四大方面：

1.合作学习策略

具体做法为教师将学生分为若干小组，再给每个小组安排一个需要完成的任务，小组中的学生通过相互间的合作，最后获得小组成绩。这种合作学习的策略可以为学生创设语言环境，帮助学生在团队氛围中互相学习、互相进步。

2.口头表达策略

通过口头表达，每个学生都有机会表现自己，锻炼口语表达能力。相关研究表明，在英语教学中实行口头表达这一教学策略可以提高学生的综合运用英语的能力，特别是听说能力。

3.师生互动策略

在教学过程中，教师要尝试增加教学活动中的师生互动。如教师可以提出问题请学生表达自己的观点，根据学生的观点再提出新问题。学生也可向教师提出问题，就某一问题共同探讨。这样的策略有助于调动学生的积极性和主动性，活跃课堂气氛。

4.传统教学与网络学习相结合的策略

在传统的英语教学中，学生进行的是集体化的学习活动，这一做法有助于培养学生的集体主义观念。而通过网络进行学习，学生可以根据自己的实际情况自由选择学习时间，享有最优的资源，学到更多的知识。所以在英语教学中，教师要引导学生利用多媒体与网络进行自主学习，将传统的集体教学与学生自主学习相结合。

二、英语教学方法

英语教学方法众多，各有特色和特定的教学目的。从理论上来说，这些教学方法应该适用于各个层次的英语教学，实则不然。由于各个层次的学生的学习特点、思维方式、英语基础、学习环境等不同，学生的学习习惯和方法都有所区别，相应的教学方法就会有所不同。英语教学有如下五项特点：第一，学时少，要求高；第二，强调语言共核；第三，存在母语的严重干扰；第四，教学班大，学生人数多；第五，是一个系统工程。

（一）英语教学方法的选择

英语教学方法众多，并且具有强烈的时代特征和明确的目的性，同时英语学习者具有较高的思维认知水平，能独立、有效地观察事物、思考问题，对英语教学的期望值高。正因为如此，在英语教学过程中，任课教师对英语教学方法的选择和使用就显得特别重要。教学方法服务于具体的教学实践。一般来说，教学方法对教学实践的作用存在于两个方面，即短期作用和长期影响。短期作用主要体现在对特定教学内容和教学目的两方面的影响：教学方法对特定教学内容的影响主要体现在对教学内容的选择和展示方式上，而对特定教学目的的影响主要是合适的方法有助于促进该目的的实现。教学方法对教学实践的长期影响主要体现在对任课教师正面形象的塑造和教学风格的形成上，教师的正面教学形象有助于促进学生学习态度和学习风气的形成，而教学风格的形成有助于促进学生对教师教学的适应，从而有助于提高教学效果。因此，为了实现教学目的、增强教学效果，教师需要选择合适的教学方法，以提高学生学习的积极性，改善学习方法、学习氛围等。

总体来说，合适的英语教学方法对教学的意义有以下三个方面：

第一，最直观的意义在于提高教学效率。不同的教学方法对统一教学内容的影响很大，教学方法并没有优劣之分，只有适合的、有效的教学方法，才能够真正提高教学效率。

第二，高效率开展教学实验及教学研究，一方面有助于教师根据教学实际情况以及具体教学需求选择最合适的教学方法，另一方面也有助于研究人员对某种教学方法中存在的不足之处加以修改，以便更好地服务于以后的教学实际。

第三，教学实践及教学实验中所取得的数据也有利于研究人员根据特定的研究目的而建立特定的教学方法评价体系，并进一步促进教学研究，从而更好地服务于英语教学实践。

（二）听说认知法

1.听说认知法的概念

听说认知法的形成受20世纪四五十年代盛行于美国的结构主义语言学和行为主义心理学的影响，不少语言学家直接参与了听说认知法的理论建设。有人把这种影响归纳为五个要点：语言是说的话，而不是写出来的文字；语言是一套习惯；教学语言，而不是教学有关语言的知识；语言是本族语使用者说的话，而不是某人认为应该说的话；不同民族的语言各不相同。

2.听说认知法的教学原则

（1）重视听说，兼顾读写。听说认知法把听说能力的培养当作英语教学的主要目标和培养读写能力的基础，语言材料首先经过耳听、口语，随后再落实到笔头。

（2）反复训练，形成习惯。听说认知法强调语言学习是过渡学习的观点，要求学生经过大量、反复的训练，达到自动化地掌握语言知识的程度。它还要求尽量避免和及时纠正学生的错误，以免形成错误的习惯。

（3）围绕句型学习语言。句子是表情达意的基本单位，句型是从无数句子中归纳出来的、抽象化了的句子模式，是语言遣词造句规律的体现。英语教学应促使学生熟练地掌握英语的基本句型，培养学生根据句型类推出大量新句子的能力。

（4）对比结构，确定难点。听说认知法认为，英语与学生的母语之间的差距越小，则学习越困难，因为它是以英语与母语的对比为依据来决定教材中教学内容的选择与编排、教学时间的分配和测试内容的。此外，听说认知法还主张尽量限制使用母语，主张学生通过归纳法掌握语法。在具体的教学活动方面，听说认知法特别重视句型训练，并形成了包括替换、转换、组合、扩展等形式的句型训练体系。

听说认知法是第一个自觉地把系统的语言学和心理学理论作为理论基础的教学法，其产生对听说领先思想的传播、对比语言学的发展和应用、教学机器和语言教学室在英语教学中的运用起到极大的推动作用。

（三）情景交际法

1.情景交际法的概念

情景交际法是一种以课堂活动为主体，以学生为中心，以教师为课堂活动的组织者、参与者和指导者，在不断变化的情景中让学生运用所学的语言知识，获取语言交际能力的教学方法。

2.情景交际法的特点

情景交际法的特点在于它着眼于实际需要，着眼于学生的需求，强调以学生为中心，重视学生的参与，强调通过交际活动学习语言。情境交际法给学生提供了大量的运用语言知识的情景，它要求学生积极思考、发挥想象力，把所学的知识与实际的情景相结合，提高掌握所学知识的效率。

3.情景交际法的优缺点

（1）情景交际法可以使课堂气氛变得生动活泼，使学生的视野和思路变得宽阔，使课本知识变得形象鲜活。

（2）学生通过情景交际法可以发挥自己的想象力、创造力、判断力和语言交际能力，使学习和运用语言知识的积极性得到充分发挥。

（3）情景交际法可以提高学生连贯地运用英语的能力。这是因为在交际活动中学生要用生活中实际需要的语言进行交际，用连贯的话语表达自己的思想，不但要会回答问题，还要会提问。情境交际法使学生可以通过不同的方式交流思想，达到沟通的目的。

（4）情景交际法可以创造出活跃的课堂气氛，使学生之间和师生之间拘谨的关系变得和谐融洽，使学习氛围变得轻松愉快。

（5）情景交际法的不足之处在于它淡化了语言知识的讲授，导致学生使用的语言有时不够规范，在表达过程中出现语言错误，因此还有待改善。

第二章 英语教学设计理论基础

第一节 建构主义理论

一、建构主义理论概述

让·皮亚杰和列夫·维果茨基是 20 世纪最早研究建构主义教学理论的两位心理学家，图式、同化、顺应、平衡是该理论的几个重要概念。

皮亚杰关于建构主义的基本观点是，学习是一个双向交互作用的过程，一个人的原有知识与新接收到的信息之间出现的非平衡情况是学习发生的前提。当新的信息与个人原有知识之间的交互作用以同化或顺应的方式进行时，学习便发生了。而作为学习的结果，原有的认知图式得到了充实或被填入了新的内容。同化和顺应是皮亚杰建构主义理论的两个重要概念。同化就是把外界的信息纳入已有的图式，使图式不断扩大；顺应则是当环境发生变化时，原有的图式不能再同化新信息，而必须通过调整、改造才能建立新的图式。维果茨基提出了"文化—历史发展理论"和"最近发展区"的概念。在他看来，个体的学习是在一定的历史、社会文化背景下进行的，社会可以为个体的学习和发展提供重要的支持。个体的可能发展水平和与人协作并受到他人指导的可能发展水平之间存在着某种差距，这种差距被定义为"最近发展区"。皮亚杰的建构主义理论、维果茨基的"文化—历史发展理论"和"最近发展区"概念是建构主义的主要理论基础。

基于建构主义理论的教学观，其核心内涵强调"学"，强调以学生为中心，强调学生对知识的主动探索和主动建构。这与传统的以教师为中心，强调"教"的教学观有本质的区别。建构主义理论也是任务型教学、辩论教学的重要理论基础。建构主义理论认为，学习是社会合作活动，知识是由自己构建的，而不是由他人传递的。这种学习发生在与他人交往的环境中，是社会互动的结果。它强调学习者从自身经验背景出发，建构对客观事物的主观理解，重视学习过程，反对对现成知识的简单接受，强调人的学习与发展发生在与其他人的交往和互动之中。教学应该在有意义的情境中进行，而最理想的情境是所学的知识可以得到运用的情境。建构主义理论支持下的任务型语言教学主张学习过程应充满真实的个人意义，要求教师发挥积极作用，促进学生的全面发展。

建构主义教学理论认为，情境、协作、会话和意义建构是学习环境中的四大要素或四大属性。

情境：学习环境中的情境必须有利于学生对所学内容的意义进行建构，这就对教学设计提出了新的要求。也就是说，在建构主义学习环境下，教学设计不仅要考虑教学目标，还要考虑有利于学生建构有意义情境的问题，并把情境创设作为教学设计的重要内容之一。

协作：协作贯穿学习者学习过程的始终，对学习资料的搜集与分析、假设的提出与验证、学习成果的评价及意义的最终建构均有重要作用。

会话：会话是协作过程中不可缺少的环节。学习小组成员之间必须通过会话商讨如何完成学习任务。此外，协作学习过程也是会话过程。在此过程中，每个学习者的思维成果（智慧）为整个学习群体所共享，因此会话是意义建构的重要手段之一。

意义建构：这是整个学习过程的最终目标，所要建构的意义是指事物的性质、规律以及事物之间的内在联系。教师在学习过程中帮助学生建构意义就是要帮助学生对当前学习内容所反映事物的性质、规律，以及该事物与其他事物之间的内在联系有较深刻的理解。这种理解在大脑中的长期存储形式就是前面提到的图式，也就是学生对当前所学内容的认知。

获得知识的多少取决于学生根据自身经验去建构有关知识的意义的能力，而不是取决于学生记忆和背诵教师讲授内容的能力。建构主义作为一种新的学习理论，自20世纪末以来备受关注，这一理论认为，学习不是由外部到内部的简单转移和传递，真正有效的学习是建立在学习者真正理解的基础上的。学习是学习者主动地建构内部心理表征的过程，学习者在一定情境中借助他人的帮助，利用必要的学习资料，通过意义建构来获取知识，掌握解决问题的程序和方法，优化、完善认知结构，获得自身发展。

建构主义理论把教师、学生、任务和环境作为学习所必需的四大要素，强调学生是认知的主体。学生应该认识到自己拥有解决问题的自主权，通过独立探究、合作学习等方式，努力使自己成为知识的积极建构者，逐步提高自学能力，学会自主学习，为终身学习奠定良好的基础。同时，学生不能忽视教师的指导作用，教师是学生学习意义建构的帮助者、促进者、支持者、引导者、评价者，要为学生创设良好的学习情境，提供多样化的信息来源。

二、建构主义理论在英语教学中的运用

英语教学是一种双向活动，既需要教师做领路人，发挥带动、引导作用，又需要学生积极配合，发挥主观能动性。在教学过程中，教师的作用举足轻重。教师作为学生学习活动的组织者和指导者，必须充分发挥引导作用，调动学生的求知欲和学习兴趣，营造浓郁的学习氛围。同时，学生在课堂上需要高度集中精神，积极进入角色。因此，教师在英语教学中应注意以下几点：第一，教师在备课时应搜集大量的相关信息，为研究性学习提供基础；第二，在教学过程中，教师应利用学生间的交流和伙伴效应，鼓励学生进行深入思考；第三，教师应督促学生记录他们的学习体验和成果。

（一）在问题解决过程中培养学生的自主学习能力

建构主义主张"在问题解决中学习"，心理学的研究也表明，发现问题是思维的起点，也是思维的源泉和动力。因此，在课堂教学中，教师应注重激发学生思维的积极性，培养学生的问题意识。此外，教师还要善于挖掘素材，努力创设各种问题情境，鼓励、引导学生多角度、多层次地深入探索问题，用问题启发学生思维，启迪学生智慧，帮助他们不断挑战自我，挑战极限，让他们享受探索问题带来的快乐，从而在探索问题的过程中深入理解知识。

学生学习的过程实际上就是教师设疑、质疑、释疑的过程，是教师教学生学会学习，提高其学习能力的过程，是培养学生创新能力和实践能力的过程。教师要引导学生从不同的角度思考、判断和解决问题，从而使学生在解决问题的过程中学会学习、学会创新。

（二）以合作学习为主要策略

在建构主义教学过程中，学生的学习不像传统教学观认为的那样，是一种比较"孤立"的个人竞争行为，它主要是通过师生之间、生生之间的相互合作逐渐完成的。在教

师的指导、帮助下，学生从这种相互作用中主动开发自己的思维，并完成自己在知识意义上的建构活动。教学是在师生交往、互动的过程中完成的。从活动的角度来看，教学是教师和学生、学生和学生相互作用、相互影响的结果。在教学过程中，每一个要素都会产生一定的力，但最终影响教学效果的力并不是各要素之力的简单相加，而是各要素间互相配合、互相促进，从而产生的一种"合力"。

（三）以探究与创新能力作为培养目标

在教学原则以及各种教学方法中，建构主义一再强调对学生探究与创新能力的培养。而传统的教学观基本上否定了学生学习的主动性和积极性，这表现为其把教师当作知识的传授者，把学生当作被动的接受者。建构主义认为，学生在学习过程中具有主观能动性，学生的学习应该是积极、主动的。在学的意义上，学生是教学的主体，离开学生的积极、主动参与，任何学习都是无效的。而在教的意义上，教师是教学的主体。教师的作用就在于明确学生的主体性，积极利用所有教学资源激发、引导学生发挥主体性，帮助学生学习。建构主义的这一教学目标既有利于学生智力因素的发展，又有利于学生非智力因素的培养。

由此可见，教学不是一个知识传输的过程，而是一个使学生产生稳定的探究心理并积极探究的过程。教学应该把学生所学的知识置于多种具有一定复杂性的问题情境中，或镶嵌于活动背景中，使学生结合自己原有的经验来学习、探究新知识，形成自己对各种问题的观点和见解。

第二节 语篇分析理论

一、语篇分析理论概述

语篇分析理论并不是一个新兴的理论,从 20 世纪 60 年代至今,其在英语教学中已经得到了广泛的应用。20 世纪 80 年代中期,国外的一些语言学家提出了语篇教学大纲的设想,很多国内的语言学家将它应用于英语教学的许多方面。英语教学不能局限于教授词汇、句子,而应该注意培养学生语篇分析的能力。近年来,随着全国大学英语四、六级考试题型的变化,英语教学的侧重点更是向提高学生语篇分析能力的方向倾斜。泽里格·哈里斯曾在《语篇分析》(*Discourse Analysis*)一文中提到,语言不是存在于零散的词或句中的,而是存在于连接着的语篇中的。因此,我们可以得出一个结论,即语篇分析教学的重点应具体地放在语篇意义连贯形式(也称意连)的处理上。

对于语篇分析,不同的语言学派有不同的解释。各个语言学派虽然分别提出过"话语语言学""篇章语法""篇章结构学""超句语言学"等术语,但是它们都有一个共同之处,那就是它们都把分析的对象从互不相关的单句扩展到了意思连贯的语段。目前,"语篇分析"基本上取代了其他术语,它是指对比句子更长、以交际为目的的语言段落(包括口头语和书面语)所作的语言及交际功能的分析,旨在找出带有相似语境的话语系列,并确定其分布规律。换句话说,语篇分析就是分析一段话或一篇文章,以及说话的场合(语境)和文本的语言结构、文化特征、交际方式及语境特征。

二、语篇分析理论在英语教学中的应用

(一)英语的语篇特点

英语的语篇主要有以下三个特点:①目的性。任何语篇最重要的特征都是具有强烈的目的性。②社会性。英语语篇常常涉及众多跨文化交际场景,需要一种约定俗成的方式让来自不同文化背景的人融洽相处,在短时间内高效地完成各种交际,所以英语语篇

非常具有仪式感。程式化的语言被广泛应用于各个交际场景，比如问候和介绍等。③清晰感。英语偏好使用清晰、富有逻辑性的语言来减少交际中的误解，如 as a result、for this reason、in order to 等。

（二）语篇分析理论在英语听力教学中的应用

利用语篇分析理论帮助学生克服英语听力障碍，进而提高英语听力教学的效果，主要是以功能语法中的第三种纯理论功能为基础的。语篇功能指的是人们在使用语言时怎样把信息组织好，同时表明一条信息与其他信息之间的关系，而且还显示信息的传递与发话者所处的交际语境之间的关系。一定的语篇有一定的语篇结构，它是该语篇的整体构造，而这一构造是由与构成该语篇的实际情景相关的语境变元组成的，同一类型的语篇结构具有大致相同的语境变元。

听的过程是一个寻求意义、预测、证实和排除预测的过程。听者运用已有的知识、经验去搜索语篇信息，并利用已得的信息对语篇的内容进行猜测。学生在听力中遇到的主要障碍是在听的过程中和答题过程中不能最大限度地利用已掌握的信息，达到理想的理解状态。教师应努力通过各种途径来帮助学生提高听力技能，以语篇所具有的语篇特征为依托，充分发挥语篇分析的优势，培养学生利用听力获取、理解正确信息的能力。学生在听英语时往往有先翻译、再理解的倾向，大脑忙于处理上一段信息而错过了下一段信息，此时教师应帮助学生克服精神紧张和焦虑情绪，帮助学生树立利用语篇信息来理解整个听力语篇的信心。最为重要的是，教师在教学中应注意培养学生的语篇意识，让学生明白以下几点：

第一，听不懂部分内容是难免的，听力再好的人也没有把握听懂百分之百的内容，所以不用着急。

第二，这一部分的信息完全有可能在语篇的其他地方以别的形式再次出现，而且可以根据上下文作出合理的推测。

第三，没有听懂的部分很可能是一个辅助要素，不一定会影响自己对整个语篇的理解。

另外，教师在听力训练后对所听语篇内容的总结也很重要。学生可以通过这种总结明白，推测失误的症结在于对语境变元的了解不够充分。另外，这种形式能使学生在遇到相似语境时更好地进行推测。

（三）语篇分析理论在英语阅读、写作教学中的应用

鉴于英语的语篇特点，教师在教学中可以运用语篇分析的方法，有针对性地培养学生的各种技能。传统英语教学忽略了英语作为专门用途英语的特殊性，注重对阅读材料的语法分析，逐字逐句讲解，逐句逐段翻译，其结果是"只见树木不见森林"，影响了学生对文章的整体理解。在这样的教学过程中，学生能够就重点词汇、短语和句子正确回答问题，却不了解整篇文章的框架结构、篇章连接方法，不能概括文章大意，不能对类似问题举一反三。在语篇分析理论的指导下，英语阅读教学不应将语言分析抽离于背景知识和文体之外。在讲授阅读语篇之前，教师应当通过问题导入、小组讨论等课堂活动激活学生脑海中相关知识的旧图式，并在此基础上补充信息。在学生激活并补充旧图式之后，教师可依据文章内容制作出流程图、架构图、提示卡等，辅助学生进行理解。

语篇分析理论对英语写作教学的影响主要体现在书信上。书信语篇有着较为固定的模式，例如，在商务英语中，书信的书写格式为"目的—情况—行动"。第一段开门见山，点出该书信的目的和作用；中间段落描述情况；最后一段或几段阐明应当采取的行动，如请求、同意或不同意等。为了达到此目的，要在语言上崇尚简明扼要、文体合理，强调信息的有效传达。因此，教师在教学中应当强调书信格式的规范化和图式化。

第三节 人本主义教学理论

人本主义教学理论是现代西方的一种重要的教育思潮，它和人本主义心理学相结合，形成了一种以学生为中心、以发展学生自我潜能和价值为目标的人本主义教育观。人本主义教学理论以"完整的人"的发展为最基本的价值取向。自我以及自我实现是该理论的核心概念，它体现为教育思想对人性的回归，以及对学习者情感因素的重视。

一、人本主义教学理论概述

（一）人本主义教学理论的提出

人本主义心理学是 20 世纪在美国兴起的一种心理学思潮，其主要代表人物是亚伯拉罕·哈罗德·马斯洛和卡尔·兰塞姆·罗杰斯。人本主义学习观与教学观深刻地影响了世界范围内的教育改革。人本主义教学观是在人本主义学习观的基础上形成并发展起来的。崇尚人本主义的相关学者认为，人是自然实体而非社会实体，人性来自自然，自然人性即人的本性。他们的共同观点是每一个人都具有发展自己潜力的能力和动力，行为和学习是知觉的产物，一个人的大多数行为都是他对自己看法的结果。真正的学习经验能够使学习者发现自己的独特品质，发现自己作为一个人的特征。从这个意义上说，学习者的学习过程是自我完善的过程。

（二）人本主义教学理论的基本理念

1.人是个性充分发展的人

罗杰斯在人本主义的"性善论""潜在论"和"价值论"的基础上，多次明确提出了有关教育目标的观点。他认为，教育应该把学生培养成富有灵活性、适应性和创造性的人，教育应该注重培养具有主动性、独立性和创造性的人。概括地说，罗杰斯认为，教育所培养出来的人应该是个性充分发展的人，这种人具有主动性和责任感，具有灵活地适应变化的能力，是自主发展的人，能够实现自我价值。

人本主义教学理论秉承马斯洛等人的"自我实现"理论，认为教育要真正观照人的终极成长，促进人的自我实现，培养完整人格。因此，人本主义始终关注的是人的整体发展，尤其是人的内心生活的丰富和发展，即人的情感、精神和价值观念的发展。人本主义教学理论的教育目标是促进整体的人的变化，其追求是培养独特而完整的人格。

人本主义强调教育的目的不仅是传授知识，更重要的是塑造完整的人格。因此，作为培养人才的专门机构的学校，其人才培养目标应该是：培养能从事自发的活动并对这些活动负责的人，能理智地选择和制定策略的人，能获得解决问题的能力的人，能灵活和理智地适应新的问题情境的人，能自由地和创造性地运用有关经验灵活处理各种问题的人，能在各种活动中有效地与他人合作的人。

2.学生是教学的中心

人人都有自我实现的成长倾向和需要，所以，人不仅要维持自己的现状，还要发展自己。每个学生都具备解决自身问题的能力和动机，因此，教师的任务是营造教育氛围，运用有效的方法去调动学生解决自身问题的能力，帮助他们重新认识自己、评价自己。人本主义教育思想提倡给予学生无条件的积极关注，提倡从一开始就营造并维持一种没有威胁感的、可以降低焦虑感的学习氛围，提倡教育中的"非指导性"。只有这样，教师才能有效地帮助学生勇敢地面对自身的感受，自由地表达自己的真实想法，并对自己的成长负责。

（三）人本主义教学理论倡导的教学模式

罗杰斯将心理咨询的方法移植到教学中，提出了非指导性的教学模式。他极力批判传统教学模式将教师和书本置于教学活动核心位置的做法，认为这种方式只能使学生成为教育的"附属品"。在罗杰斯看来，教学活动应把学生放在中心位置，把学生的"自我发展"看作教学的根本要求，所有的教学活动不仅要满足"自我发展"的需要，而且要围绕着"自我发展"进行。基于这种认识，罗杰斯提出"非指导性教学"的相关理论，倡导教师在课堂中营造一种良好的氛围，围绕着个人的发展目标和小组的发展目标进行教学。由此可见，非指导性教学并不完全站在传统教学的对立面，只不过强调了传统教学忽略的而确实对学生发展有利的方面。非指导性教学理论改变了传统的师生关系，拓展了教学研究的视野。罗杰斯倡导过程哲学观，反对任何固定、僵化、一成不变的教学方式，虽然他从未明确和系统地描述过非指导性教学的方法，但从其基本理论中还是可以发现"非指导性教学"的实施策略：

第一，教师应对自己坚信不疑，应对学生的独立思考及自学能力充满信心。

第二，教师应同其他人共同担负起教学责任，课程计划、教学管理、经费预算、政策制定等都应是一个教学小组的共同责任。

第三，教师应为学生提供学习资料。

第四，学生可以探索自己感兴趣的问题，在探索的过程中，可以自由选择自己的学习方法，据此形成自己的学习计划。

第五，营造一种有利于学习的氛围。

第六，学生的重心应集中在对学习过程的把握上，学习内容虽然重要，但却是第二位的。

第七，强调自我训练，学生应独立完成自己的训练任务。

第八，重视自我评价，同时，小组成员或教师的反馈信息也会影响学生的自我评价。

（四）人本主义教学理论倡导的师生关系

罗杰斯认为，教师的角色不应是传统意义上的主导者，而应是促进者。他认为教师的作用主要表现在以下几个方面：一是帮助学生引出并看清问题；二是帮助学生搜集学习材料，组织更丰富多彩的学习活动；三是作为一种灵活的资源为学生提供服务；四是作为学习的参与者参与活动；五是主动与学生分享自己的感受。罗杰斯认为，教师要发挥促进者的作用，应处理好与学生之间的关系。因此，教师应注意以下几点：一是真诚。教师必须去掉"面具"，与学生坦诚相见，畅所欲言，不要有任何的掩饰。二是接受。教师应分担学生遇到问题时产生的痛苦和压力，分享学生取得进步时产生的喜悦和快乐。三是理解。作为促进者，教师需要站在学生的角度去体会和了解学生的内心感受，而不是用教师的标准审视学生的一切。

（五）人本主义教学理论倡导有意义的学习

1. 学习是人类的天性

人天生就有好奇心，有寻求知识、真理、智慧，以及探索秘密的欲望。学习者的整个学习过程就是自我发展与实现的过程，这不仅是学习和教育的价值所在，从更广的意义上说也是生命的价值所在。只要有一个良好的学习环境，学习者就可以凭借自身的资源自动地完成学习。罗杰斯认为，每个人生来就有学习的动力，并能明确自己的学习需求，学生做不到这一点是因为受到了学校和社会的束缚。

2. 有意义的学习是人类真正的学习

学习分为两类，一类是无意义的学习，这种学习只涉及心智，是一种"在颈部以上"的学习，与个人的情感无关，与完整的人无关；另一类是有意义的学习，这种学习不是指那种只涉及事实累积的学习，而是指一种使个体的行为、态度、个性发生重大变化的学习。这不再是和情感对立的认知学习，也不仅仅是一种增长知识的学习，而是一种与每个人各部分经验都融合在一起的学习。罗杰斯认为，有意义的学习包括以下四个方面的内容：

第一，学习具有个人参与的性质，即整个人（包括情感和认知两方面）都投入学习活动中。

第二，学习是自我发起的，即便在推动力或刺激来自外界时，也要求学习者发现、获得、掌握和领会的感受是来自内部的。

第三，学习是渗透性的，也就是说，它会使学习者的行为、态度乃至个性都发生变化。

第四，学习是由学习者自我评价的，因为学习者最清楚这种学习是否能满足自己的需要，是否有助于自己了解想要知道的东西。

（六）人本主义教学理论中的教学评价模式

在"完整人格意义学习"理论的基础上，人本主义教学理论建立了自己的教学评价模式。有意义的学习反对以考试和考核为主的外部评价，提倡自我评价，认为这是发展学生独立性的先决条件。这种评价的作用是让学生为自己的学习承担责任，使学生更加主动、有效和持久地学习，使学生主动参与学习和评价的过程。这种评价没有固定的模式，主要是让学生主动地与自己进行纵向的比较，而不是与别人进行横向的比较。这种纵向的比较有利于学生全面认识自己的过去，正确地定位自己的现状，科学、合理地规划自己的未来。学生可以结合自身的兴趣、个性发展等多种因素对自我进行综合评价，根据评价结果全面地审视自己，从而不断完善自己。

二、人本主义教学理论在英语教学中的应用

在传统的英语教学中，学生往往机械地记忆一些语法规则、词汇，反复练习一些枯燥、缺乏真实性的对话或句型。教师是课堂的中心，学生则像是一个容器，充当着被动接受知识的角色。在这种教学模式中，师生之间、生生之间缺乏交流，学生的主动性、创造性被严重遏制，学生的个体差异被忽略，学生的情感因素被抹杀，导致学生的学习效率低下。

因此，为了进一步提高英语教学的质量，教师在重视语言的同时，必须关注学生本身，这恰恰是人本主义教学法的研究重点。人本主义心理学的教育观和学习理论蕴含着丰富的内涵，对当前英语教学的研究有着重要的影响。为改革英语教学，相关学者在英语教学观、课堂设计、师生关系等方面都进行了一些探索，提出了一系列英语教学方法。比较著名的英语教学方法包括暗示教学法、社团语言学习法和交际教学法等，都和人本

主义教学理念异曲同工。它们都有如下特点：第一，理论依据是心理学而非语言学；第二，学生的情感状态被视为影响学生语言学习的重要方面；第三，深刻理解并认同全人教育的理念，重视缓解学生焦虑、自卑的情绪，帮助其创设富有安全感、能高效学习英语的环境。人本主义教学法在英语教学中的应用主要有如下几个方面：

（一）情感因素及其对英语学习的影响

语言学习是一个非常复杂的心理过程，也是人类最为普遍的一种认识活动。因此，语言学习的整个过程必然会受到情感和智力因素的深刻影响。语言学习者的主观态度、学习动机和性格倾向等对英语学习的影响最大。威廉·斯特恩提出影响学习者的情感因素主要有三个，即态度、动机和性格。

1.态度

态度包括：①认知成分，即对某一目标产生的信念；②情感成分，即对某一目标的好恶程度；③意动成分，即对某一目标的行动意向及实际行动。在英语学习中，态度尤为重要。这包括对目的语社团成员的态度、对目的语学习的态度，以及对语言与语言学习的整体态度。如果学习者觉得英语的结构和表达方法新奇，那么对他而言，学习英语就是一个不断发现新鲜事物的过程，是一种乐趣、一种探索；相反，如果学习者对英语表达方式不感兴趣，其英语学习效果就会较差。态度是可以改变的，教师在语言教学中应重视学生的态度问题，通过展现丰富多彩的目的语文化，与学生进行思想和情感上的沟通，改变学生厌学的态度，让学生体会语言学习的乐趣，享受进步和成功的喜悦。这也是人本主义教学理论的重要原则之一。

2.动机

动机是指引起、支持、推动与维持个体活动以满足需求、达到目标的内在动力，是决定行为的内在力量。它具有两层含义：一是对某种活动有明确的目的性，二是为达到该目的而付出努力。加德纳认为，英语习得中被动机驱动的个体有如下表现：首先，个体表现出指向性行为，语言学习总是指向一定的学习目标；其次，个体为满足需求，实现预期目标而付出努力。许多心理学家指出，动机在学习中是一个很有效能的因素，能够大大促进学习者的学习。

动机一般可以分为两类：工具型动机与融入型动机。前者指个体学习目的语，更多地强调该语言的有用性和实用价值，借助对语言的掌握达到某一特定的目的（如找工作、阅读外国报纸、通过考试等）。后者指个体对目的语社区的成员与文化有一种崇敬感，渴望与他们交流，并了解他们的风土人情、生活方式等。因此，教师应该了解学生的动机，并帮助其形成稳定的、持久的学习动机。

3.性格

性格是一个人表现在对现实的态度和行为方式上的比较稳定但又可变的心理特征，是个性最重要的组成部分。一般认为，外向型学习者在英语学习方面占据优势。因为他们都比较善于社交，有着较强的人际交往技巧，同时，社交能够帮助他们得到更多的练习机会，获取更多的语言信息。传统意义上的优秀学生一般也都具备外向型的性格特征，如在课堂上积极回答问题，善于与教师、同学沟通交流等，教师也对具有这些特点的学生表现出明显的偏爱。调查结果显示，在英语综合能力上，性格内向者与外向者不分上下，其中，在听写方面外向者占有较大优势，而在完形填空、阅读理解、词汇、语法方面，内向者则占有较大优势。因此，教师不应因学生性格不同而对其产生偏爱或不满的情绪，而应该尊重他们，对性格内向和外向的学生一视同仁，因材施教，使其扬长避短，并培养其自信心、进取心，从而更加有效地进行英语学习。

情感因素作为影响学习者英语学习的一个重要因素，越来越受到语言学家和英语教师的重视。它在语言学习过程中起着定向、调节、强化的作用，直接参与语言教与学的过程，影响着语言教学质量和学习者智力水平的发展。情感因素的三个组成部分态度、动机、性格，在学习者的英语学习中起着至关重要的作用。正确的学习态度、明确的学习动机、积极的性格倾向无疑会帮助学习者更为有效地进行英语学习。因此，坚持人本主义教学理论，必须给予学习者足够的情感尊重与重视，使情感因素在语言学习中起到积极的促进作用，从而形成轻松的英语教学氛围。

（二）消除学习者的心理障碍

英语教学中常见的心理障碍有外语交际畏惧、负面评价焦虑、挫折心理等。交际畏惧指的是个人对他人的真实或预期交际产生的恐惧或焦虑，典型的交际畏惧的行为模式是交际回避或退缩。交际畏惧者在介入他人的会话以及进行社交方面显得更加勉强。对英语能力自我评估低的学生容易出现较高程度的外语交际畏惧。负面评价焦虑是指学生对他人的评价有畏惧感，对负面评价产生沮丧心理，以及担心别人会对自己作出负面评价的预期心理。对自己今后成绩或成就期望过低的人，在人际交往及完成任务的过程中会产生自己不如别人的感觉，而这种经常性的提醒会影响个体自尊需要的满足，挫伤其自尊心和自信心，使其在活动开始前就产生比较明显的焦虑。挫折心理是指学生在进行有目的的行动的过程中，遇到难以克服的困难和干扰，导致个人需要不能得到满足而产生的一种消极的情绪状态。学生在学习英语时，想讲讲不出，想听听不懂，因此，常常产生挫折感。

英语教师要善于运用心理学的原理，探索和研究英语教学过程中有效的教学方法，改变教学评价方式，尽量运用形成性教学评价，从学生发展、提高的角度来看待学生的成绩，建立融洽的师生关系。

罗杰斯的人本主义心理学十分重视师生关系的作用，师生关系融洽能产生皮格马利翁效应（期待效应），形成积极的情感体验和良好的学习环境。高层次融洽的师生关系是在相互理解的基础上产生的，促进师生相互理解的有效途径是心理换位和心理相容。心理换位是指教师、学生各自站在对方的心理位置去认识、体验和思考。心理相容是指师生在心理上彼此接受、容纳对方。通过心理换位和心理相容，师生在相互理解的基础上产生情感共鸣，课堂教学气氛轻松愉快，师生配合默契，教师才能顺利地完成教学任务。

（三）人本主义教学理论在英语口语教学中的运用

要想创新当前的英语口语教学，就要发挥人本主义教学理论良好的指导作用。人本主义教学理论是我国学者研究切实可行的教学方式的有力依据。人本主义教学理论对英语教师的要求主要有以下几点：

1.选择优质教材，设置课堂情景

英语教师在英语课堂上应该创造最佳的口语环境，使学生充分表达自己的想法，提高其英语口语能力。教师应以学生为主体，考虑学生的学习需求，使学生充分利用学到的英语知识解决现实问题。为了使学生学到他们感兴趣的知识，教师在选择教材前应该先调查学生的共同需求，真正把学生当作教学主体，了解学生的学习目标、所持态度，以及他们感兴趣的内容，从而根据综合情况选择英语教材。适合英语口语教学的教材内容应该是贴近英语语境的，应该是可以使学生置身于交际情景中的，这样才可以帮助学生摆脱古板的英语课堂，使他们在英语环境中真正发挥自己的潜能。

教师在教学过程中可以设置"口语情景"环节，随机设置英语口语情景，为学生分配角色，并且不固定情节发展走向，使学生充分利用其所学的英语知识，将知识融进现

实情景。同时，在"口语情景"进行过程中，教师可以发现并帮助学生走出英语口语的误区。这样的情景设置既可以营造轻松、快乐的课堂氛围，使学生感受到乐趣，又可以提高学生的口语运用能力。

2.建立学生自主选择课堂的教学模式

英语口语课程的统一规划非常重要。每个学生的基础知识、语言能力、思维模式和英语语感都不尽相同，教师应该根据每个学生的特点，运用具有可操作性的教学方法，这样更符合人本主义教育思想。例如，可以变更英语口语教学的选课模式，让学生自主选择教师，体验每一位教师的教学方法，感受不同教师的课堂氛围。选择教师后，学生可以对教师的课堂内容提出意见。在不影响正常英语教学的情况下，教师合理采纳学生的意见，在课堂上讲授学生自主选择的教学内容，这样能充分尊重学生的选择，并且提高学生学习的积极性。因为课程内容是学生自主选择的，所以学生对课堂教学具有极大的热情，这在一定程度上也能提高英语课堂的教学质量。学生自主选择的教学方式是基于人本主义教学理论确定的，方便教师从根本上挖掘学生的潜力和创新能力。在这样的教学过程中，教师是学生学习的指导者和推动者，学生是英语课堂的中心，教师的教学随着学生的兴趣而不断改变。

3.建立良好的师生关系，促进学生学习

教师要想保证教学质量，同时调动学生的积极性和创造性，就要与学生进行有效的沟通，通过观察、交谈或调查来了解学生的兴趣爱好，为学生制定个性化的教学方案，使学生感受到教师的尊重和关爱。

在学生的学习过程中，教师的作用非常重要，教师的耐心引导和充分理解会使学生的心理产生变化。在学生学习热情高涨时，教师予以更多的指导和关注可以帮助学生提高创新能力，使学生更积极地汲取知识养分；在学生遇到困难的时候，教师给予学生理解和帮助，在解决问题后对其给予赞扬，可以使学生感受到教师的善意、关怀，使学生重拾自信，同时使学生坚定信念。教师适时地赞扬学生可以促进良好的师生关系的形成，可以最大限度地调动学生的学习积极性，从而使教师成功开展英语教学工作。

第四节 图式教学理论

一、图式教学理论概述

图式是指围绕某一个主题组织起来的知识的表征和贮存方式，是一种关于知识的认知模式，是指每个人过去获得的知识在头脑中储存的方式，是大脑对过去经验的反应或积极的组织，是学习者利用新信息充实自身知识库的过程。图式教学理论研究的就是知识的表征，以及知识的表征如何以特有的方式促进知识应用的理论。

（一）图式教学理论的提出

1.图式

图式的提法最早见于18世纪哲学家伊曼努尔·康德的著作，他强调概念只有和个人的已知信息相联系才具有意义。20世纪30年代，格式塔学派的心理学家弗雷德里克·巴特莱特应用并发展了图式的概念，将图式定义为由过去的经验新组成的知识结构。现代认知心理学产生之后，图式的概念获得了更新、更丰富的含义。美国认知心理学家大卫·鲁梅尔哈特认为图式是认知的建筑组块，是信息加工所依靠的基本要素。琼·利特菲尔德·库克把图式称作头脑中的先存知识或背景知识。亨利·威多森则将图式定义为储存在长期记忆中并管理信息的认知框架。根据认知心理学的研究，图式能够影响人们对所呈现的信息的注意与解释，具有推测和推理作用。换句话说，在信息处理过程中，相关的图式被激活后，图式会为人们提供解释信息的背景知识，使人们超越给定的信息而作出预测和推理。

所以，说得通俗一些，图式就是连接概念和感知对象的纽带，如谈到"手机"图式，人们不仅会想到具体的手机形状，还会想到它的传播信息、拍照、播放音乐、储存文件等功能，这就是运用图式构建法去理解"手机"这个概念的过程。

2.图式阅读

20世纪70年代后期，鲁梅尔哈特根据大量的实验研究，率先把图式的概念发展成一个完整的理论，并很快得到了其他学者的响应和支持。近些年来，图式理论不断得到丰富和完善。图式理论强调的就是当读者将记忆中的图式（如背景知识或抽象知识框架）与文本材料信息联系起来并使之相匹配时，就能理解语言材料的内容，反之则不能。图式阅读理论认为，学习者的阅读能力由三种图式决定：语言图式、内容图式和形式图式。这三种图式与文章的语言、内容和表现形式相互协调，共同发挥作用，从而最终实现对语篇的理解。

语言图式是指一定量的词汇和句法知识，也就是读者对阅读材料的掌握程度，会直接影响读者对文章的理解。如果读者缺乏相应的语言图式，就无法识别文章的字、词、句所提供的信息和线索。语言图式对读者有以下作用：

第一，增长词汇知识。阅读的第一步是辨认词汇，建立词汇意义的表征。当读者知道某个词的意义和用法时，就会知道与之有关的词和概念，正是这种概念的影响使理解得以产生。

第二，增进对句子的理解。阅读理解中的语法障碍常常反映在长句中。其实，只要运用语法手段正确地进行分析，再长、再难的句子也不难理解。一般来说，在阅读容易理解的句子时，读者可以不考虑语法结构，但若遇到理解有困难的句子，则必须进行语法分析，即分析句子中词与词之间的关系、意群与意群之间的关系，以及分句与分句之间的关系。因为英语句子以主句的主谓结构作为统摄每个句子的框架，所以只要找出主语和谓语就抓住了英语句子的灵魂。英语长句在关于人文社会和自然科学方面的说明文或议论文中非常普遍，读者只有找出句子的主语和谓语，才能正确理解全句的意思。

内容图式与文本的内容或语体有关，它实际上是语境在读者意识中的反映。内容图式对阅读理解起着非常重要的作用。大量研究表明，无论是母语阅读还是外语阅读，如果读者对读物内容较熟悉，那么他们对读物的理解就会优于对读物内容不太熟悉的读者，而且内容图式会影响读者对文本的解释。

形式图式是指与文本结构或修辞组织有关的图式，也就是有关文本构成形式的知识。它们在阅读理解中同样重要，因为它们会引导读者对文本进行推测。不同类型的文本有不同的常规性形式图式。读者识别文本结构的能力和根据文本结构去推测文本内容的能力，在一定程度上决定了他们理解文本信息的程度。在实际阅读过程中，形式图式发展充分的读者，阅读效率会明显优于形式图式发展不充分的读者。一般认为，形式图式实质上就是文体和语篇知识，不仅包括形式，而且包括功能知识。

（二）图式教学理论与阅读理解的关系

图式教学理论认为，在理解文章的过程中，自下而上和自上而下的加工方式在各层次同时发生。当输入资料提供的信息和读者的图式知识或根据图式知识所作的预测吻合时，自上而下的概念驱动可促进两者的同化，而当输入信息与预测不吻合时，自下而上的资料驱动加工过程可以帮助读者对此作出敏锐的反应。

由此可见，读者理解一篇语言材料的过程就是读者头脑中的图式与语言材料所提供的信息之间相互作用的过程。当读者把头脑中的图式与语言材料所提供的信息联系起来时，就能理解作者所要传递的意义，达到读者与作者互相交流的目的。否则，读者就会对语言材料理解不清晰，阅读理解就会失败。

（三）图式缺失对英语阅读教学的影响

长期以来，在我国的英语教学中，教师通常能够认识到语言图式的重要性，强调对词、句和语法的学习及记忆，但经常忽略内容图式的重要性，不重视语言的意义和文化背景知识的传授，或缺乏一定的阅读教学策略，这些都会严重影响学生阅读能力的提高。学生过去的生活经验以及头脑中对事物固有的内容图式都会影响其对句子的理解。由此可见，如果缺乏内容图式，即使有了语言图式，也无法理解句子的实质含义。所以，英语教师应该像重视语言知识教学那样重视背景知识教学，构建学生的内容图式。

在英语阅读教学中，也经常会有这样的情况，即学生在字面上读懂了一篇文章，却不能真正理解文章的思路和作者的写作意图。之所以会这样，正如鲁梅尔哈特所说，无外乎以下四种情况：①读者不具备与文章内容相关的图式；②读者虽然具备了与文章内容相关的图式，但作者提供的线索不足以激活读者的图式；③读者自以为读懂了文章，但却误解了作者的意思；④作者虽然提供了足够的理解线索，读者也具备相关的图式，但读者没有足够的语言知识，因此作者所提供的线索没有起到作用，不能使读者的有关图式活动起来。

二、图式教学理论在英语阅读教学中的应用

图式教学理论对英语教学的指导意义在于它强调背景知识对篇章理解的促进作用。按照图式教学理论，教师在英语阅读教学过程中要充分激活学生的图式。

（一）帮助学生建立丰富的语言图式

语言是交际的载体，没有语言图式也就无法进行沟通和交流。英语具有时效性、再生性和简洁性的特点。在教学过程中，教师可以通过加大阅读量、强化词汇和句法分析等手段，提升学生的语言基本能力，激活学生的发散思维，提高学生的理解能力与预测能力。英语阅读中语言图式的特点主要体现在词汇和句法的特点上，特别是词汇的特点上。词汇是构成语言的最基本材料，要想学好英语，就要掌握一定数量的词汇及其用法。英语词汇的特点可以概括为：第一，以书面词汇为主，用词正式、规范、严谨、言简意赅。第二，大量使用专业术语。专业术语是用来正确表达科学概念的词语，具有丰富的内涵和外延，专业术语具有系统性、单义性、排斥歧义性和多义性的特点，通常组成专业术语的词汇都是固定的。

由于英语阅读中语言图式的以上特性经常会影响学生对阅读篇章的理解，所以从图式教学理论的角度出发，积极地激活学生的语言图式对英语阅读教学来说非常重要。图式教学理论认为，阅读并不是一个语言系列加工的过程，而是一个以学习者头脑当中的原有知识为基础的取样、预测、组织和验证的循环过程。在阅读过程中，学习者调用比语段内容更丰富的知识和语言来理解语段，不断进行假设，然后证实，进而对所读内容作出选择。因此，对英语阅读进行图式输入显得十分必要。三种图式中，语言图式是阅读理解的基础，内容图式是理解语篇内容的依据，而形式图式则是激发和调用内容的工具，三者相辅相成，缺一不可。

教师可以以"任务驱动"为主线，引导学生实现对语言图式的构建。英语语言图式的构建是学生顺利阅读文章的一个关键步骤。

1.猜词策略训练

猜词是学生词汇学习中必不可少的一项策略。擅长该策略的学生在遇到生词时会调用头脑中的原有知识进行猜测和推断。猜测词义不但有助于学生掌握新单词，而且有助于激活大脑中的已有词汇。因为猜测是建立在已有语言知识和其他信息基础上的，必须借助记忆中的知识。在阅读教学实践中，教师可以设计相应的任务，选用具体例子，专门训练学生使用该策略。大量实践证明，猜词策略的使用能成功地帮助学生理解相当一部分生词。

2.巧妙处理生僻词

对于初学者来说，英语阅读中的生僻词数量很多，对于绝大多数词，学生只会遇到一次或两次。针对这类词，学生可以通过下定义、重述、对比、同义、同位语、释义、举例等方法，根据上下文推测生词的词义，不必浪费大量时间查阅字典。

3.学习语境分析法

著名的语言学家、教育家吕叔湘先生曾经说："词语要嵌在上下文里头才有生命，才容易记住，才知道用法。"这说明词汇学习不能脱离具体语境，脱离语境就很难明白词的意思。

4.掌握句法特征，学会分析长难句

在教学实践中，教师应结合实例设计任务，从语法结构入手，引导学生树立整体观，采用成分分析法，首先锁定句子的主干，如主、谓、宾，再逐一确定辅助、修饰成分，如插入语、定语等，帮助学生建立语法图式。

（二）帮助学生建立丰富的内容图式

内容图式主要指语言使用者对文本主旨的掌握状况。在教学过程中，一方面，教师可以采取模块化教学，强化主题，增强学生对某一内容的掌握程度，输入新的知识，从而帮助学生构建知识图式，实现"自上而下"和"自下而上"交替的知识习得策略，使学生的学习更具有针对性和有效性；另一方面，通过讲解英美国家的地理、历史、风俗、饮食习惯和企业文化等知识培养学生的跨文化意识，增加学生的背景知识，开阔学生的思维和想象空间。

在英语阅读中，外国文化背景知识是内容图式的重要组成部分。一个民族的语言并不等于"语音＋词汇＋语法"，它还渗透着该民族的文化。缺乏对该民族文化的了解往往是造成理解困难的一大要素。

（三）帮助学生建立丰富的形式图式

形式图式是指信息文本的题材及篇章结构知识，突出强调学生对文章整体构架的把握。英语突出强调信函、合同、会议、文件、说明性文书等的重要性，因此，教师在教学过程中应该以语篇为单位，通过分析与讲解语篇特点、结构特征及逻辑关系，帮助学生熟悉和掌握不同题材的文章，逐步引导学生利用这些文体分析模式来提高阅读能力。

阅读理解不仅受到文章语言和内容的影响，还受到文章结构的影响。特定的内容往往需要特定的结构才能被有效地表达。在英语阅读中，形式图式的特点主要表现为阅读文本约定俗成的结构和格式。例如，政论文章通常是比较型的，科技文章通常是问题解决型的，历史文章通常是时间型的，这些结构都有其各自的特点。读者在阅读过程中，如果调用了相应的形式图式，就能够提纲挈领地理解文章的大意以及各段落之间的逻辑关系。学生若具备文体篇章知识，阅读时就能调动主观能动性，对文章内容进行积极地预测、核实和拓展，能更容易、更准确、更迅速地掌握语篇要点。因此，在英语教学中，教师通常要求学生掌握总分、并列、承接和因果四种基本结构图式，在此基础上构建相应的篇章图式。

总之，形式图式是理解文章结构的前提。教师可以以任务设计为导向，利用整体阅读法促使学生构建形式图式。整体阅读法就是把文章当作一个整体，从文章的文体分析和整体层次结构入手，掌握文章传递的主要信息。整体阅读法常用的两种基本方法是文体分析法和篇章结构分析法。

1. 文体分析法

文体分析法根据文体特点确定文章布局和写作风格。在文体分析法中，教师可以设计相应的任务，要求学生观察题目，判断该文章的文体。学生在激活大脑的相关形式结构后，在阅读过程中不断对文章进行预测、假设，最后验证该文章文体与推测的结果是否一致。

2. 篇章结构分析法

第一，语篇结构导入。教师可以设计任务，如要求学生归纳文章大意、明确写作目的、了解作者态度等，让学生通过使用"略读"策略，根据篇章结构确立主题思想，并设计问题引导学生对文章进行"跳读"，找出重要细节内容。这样便于学生头脑中的图式系统搜集现存的知识结构，对文章进行整体认知。

第二，篇章内部照应。指导学生快速浏览首段和尾段，以及每个段落的首、尾句和主题句，根据作者的思维模式确定段落大意乃至文章的主旨。

第三，衔接手段导入。引导学生掌握起关键作用的连接词。这些连接词都是文章阐述重要观点的标记词，应引起足够重视。

综上所述，英语阅读过程实际上是一个多种语言知识，包括词汇、语义内容、句法、背景知识等相互作用的复杂的心理语言活动过程。学生只有综合运用三种图式才能真正理解阅读材料。英语教师应以图式教学理论为基础，结合科学的教学模式，设计相应的教学活动，帮助学生掌握正确的阅读技巧，使学生能根据不同的情况运用不同的阅读策略，激活并构建相关阅读图式，最终提高阅读能力和效率。

语言是文化的重要载体。英语教师应积极地把图式教学理论应用到课堂上，最大限度地调动学生的主观能动性，根据不同对象和不同阶段，采用不同的教学方式，帮助学生提高英语阅读理解能力。

第三章 英语教学课程设计基础

第一节 英语阅读课程设计

一、阅读教学的理论基础

近年来,随着国外新的阅读教学理论不断产生,新的教学思想、教学原则和教学方法先后传入我国,在英语教学课堂里出现了一种颇受青睐的教学方法——语篇教学法。

(一)语篇教学法的原则

语篇教学法属于功能意念的教学范畴,它的指导理论是语言学中的语义宏观结构和语用宏观结构理论。根据语义宏观结构理论,教师在教学中首先要将注意力集中在引导学生抓住文章的主题和中心思想上,然后讲解和分析词、短语和句子的意义及其用法;而根据语用宏观结构理论,运用语用分析进行教学则有助于提高语言技巧训练的效率,克服孤立地讲解语言形式的弊端,使学生能有效、得体地使用语言,并确保语言表达的准确性。

语篇教学法就是从语篇分析入手,把文章当作一个整体,要求学生不要停留在词句上,而是从文章的层次结构以及内容上入手,帮助学生最大量地获取和掌握文章所传递的信息。

(二)语篇教学的方法

1.整体阅读

整体阅读,即对语篇的宏观导入。从宏观的角度出发,指导学生理解作者的观点意图，使学生具有通览全篇的能力，注意力主要在"篇"而不在"句"，在文章的"意"而不在文章的"语法点"。教师可以提前把阅读任务布置给学生，让他们预习，充分利用课堂时间进行讨论，让学生自己发现问题、提出问题、解决问题。教师把学生带有共性的问题提出来，以语篇为单位，立足于篇章整体，点出中心思想和段落大意，教会学生识别主题句，掌握文章的基本内容和中心思想，摸清作者的思维脉络以及词和句子的衔接手段等，并穿插传授相关社会文化知识，使学生不至于因为缺乏某种知识而产生语言理解的错误。

2. 分段阅读

分段阅读，即对语篇的深层剖析。在阅读教学中，教师可以根据不同的体裁，把握重点，进行语篇分析。对于记叙文，首先，教师要让学生找出文章中出现的人名、地名和时间顺序，然后找出与它们有关的信息，即找出文章中的 5 个"W"（who、when、what、where、why），并分析其关系；对于科普文章，教师应当引导学生在获取信息的同时，注意长句、难句以及文章的段落结构；对于议论文，教师要让学生区分文章的主要观点，找出论据，研究论证，按照论点、论据和论证的递进层次进行分析，并提出自己的见解。不同题材的文章，有不同的侧重点，可以从思想内容上分析，可以从写作和修辞上让学生体会，有的则可跳出文章的框架，从世界观上深入探讨，对作者的语气、修辞和语言风格等方面加以研究，使阅读提高到一个更高的层次，达到欣赏和评价的层次。

3. 细节分析

语篇教学法并不是将一篇文章笼统地介绍给学生，而应从微观的角度出发，培养学生学会围绕语篇有目的地识别信息，包括识别关键词，掌握篇章联结的基本手段，如语法手段、词汇衔接、语用与语义上的含义等，并注意作者布局谋篇的特点和遣词造句的手法。所以，语篇教学并不排除必要的语法内容讲授，但是与传统的语法教学法相比，它更注重篇章结构和中心问题，而不仅仅是零散的词汇和句子的学习。

4. 启发式教学

在进行语篇教学时，教师要有意识地设置一些障碍，启发学生的思维，诱发其求知欲望，促使他们动脑筋、善思考，培养他们独立探索、解决问题、熟练运用外语的能力。

（三）语篇教学法的利弊

1.语篇教学法的优点

第一，语篇教学法有利于培养和激发学生的创造性思维。由于这种教学法强调以学生为中心，在学习语言的过程中，学生必须参与分析、推理、归纳等认识过程，它不仅要求学生不断参与各种课堂活动，还要求学生必须时刻保持高度的注意力，开动脑筋，激发思维。

第二，语篇教学法有利于培养学生运用语言进行交际的能力。因为这种教学法不仅能提高学生的语言水平，还能帮助学生得到获取完整信息的能力和语言的交际能力。

第三，语篇教学法有利于培养学生形成良好的阅读习惯，提高他们分析问题和解决问题的能力。语篇教学法强调学生的课前预习，要求学生课前通读全文，熟悉内容，找出自己不理解的句子，以便在课堂上与教师和同学共同探讨，以求准确理解文章，这样学生就由被动地听变为主动地学了。长期坚持下去，学生分析问题和解决问题的能力必然会得到提高。

第四，语篇教学法有利于激发学生学习的积极性，逐步形成以学生为中心的课堂教学。教师提出一些启发性的问题让学生思考，鼓励学生积极参与到语篇分析的教学活动中，从而打破外语课枯燥乏味、死气沉沉的课堂气氛，形成以学生为主体、教师为主导的生动活泼的教学局面，从而提高学生学习的积极性。

此外，它还能使师生关系融洽，让学生在和谐自然的语言环境中进行交际活动。

2.语篇教学法的弊端

第一，刚入学的新生可能感到不太适应。采用语篇教学法，语言知识的转化与获取是以很快的速度进行的，这对刚入学的新生来说是一种挑战，因为他们的基本听说能力不是很强，面对新的教学法、教材和教师，他们往往会产生一种恐惧感。

第二，使一部分学生产生学习压力。由于这种课堂教学为学生提供了大量的语言活动机会，学生的语言能力不断地暴露出来，那些内向的学生会产生紧张感，若教师不因势利导，正确引导他们处理各种问题，势必影响他们的学习兴趣。

可见，语篇教学法有利有弊，但由上得知利大于弊。由于语篇教学法集中了传统教学法和交际教学法的长处，能帮助学生从宏观和微观两方面更全面而深入地理解文章，使学生既见"树"又见"林"，认知得到质的飞跃，最终达到适当、得体地交际的目的。

二、语篇阅读教学模式

（一）"自下而上"模式

"自下而上"模式是指一种传统的阅读理解模式。它起源于19世纪中期，采用信息加工的理论来阐述阅读的过程，是一种文本驱动型的模式，即从看到的书写文字符号到理解文字意义的整个过程，从低级的小单位字母加工发展到高级的词、句乃至语义的加工过程。该模式认为，阅读是从字词的解码开始直到获取文本的意义，即阅读过程是一个从左向右对字母、词、句子、语篇的有组织的、有层次性的、自下而上的理解过程。根据这个模式，理解一个语篇，读者必须首先具备一些简单的语言知识，因为理解一个语篇必须依赖对构成该语篇的句子的理解，而句子的理解又依赖对词的理解，对词的理解又离不开对字母的识别。由此可见，"自下而上"模式强调的是语篇本身的作用，阅读过程中遇到的问题就是语言问题，学生理解的失败主要是由于缺乏足够的语言知识，如不熟悉某些单词或句子结构等。

"自下而上"模式说明了信息加工中的线性模式对阅读研究的影响，但没能说明阅读过程中各种信息之间的相互作用，只是局限在字、词、句这样的线性理解层面上，忽视了读者可能会从语篇以外的其他地方（如读者已有的知识中）提取有关信息并对它进行加工这一情况。虽然语篇是以层次结构的形式把信息呈现给读者的，但读者可以直接在任何水平上对已有的知识进行提取并加工，以补充或预测来自文章的信息流。读者阅读语篇中的字、词、句并不等于孤立地对这些成分进行加工。字母在词中出现要比单独出现更容易察觉，词在有意义的句子或故事中出现要比单独出现时更容易识别，不管句子的句法如何复杂，深层语义关系贯通一致的句子要比语义关系混乱的句子更容易整合。显然，"自下而上"的阅读理解模式不能说明这些现象，也不能解释整个的阅读过程。它把低层次过程与高层次过程截然分开，没有意识到读者在阅读过程中可能带进高层次知识。

（二）"自上而下"模式

它基于阅读者的期盼，即阅读者在阅读的过程中会先处理最小量的语言线索，再基于这些语言线索学习更多关于语篇的知识，且在阅读过程中得出的一些结论还需要在后面不断的阅读中得到证实、修正或摈弃。简而言之，阅读是一个心理语言方面的猜谜游戏。读者利用已有的知识来减少他们对语篇中书面符号与语音符号的依赖，并具体划分出阅读的四个过程：预测、抽样、验证和修正。

首先，读者预测语篇中的语法结构，运用他们的语言知识和语义概念，从语篇结构中获取意义，因此，语篇必须含有意义并且是用功能健全的语音表达的。随后，读者从书面符号中抽样以证实他们试探性的预测。读者在阅读时不断地从三种可利用的信息中抽样：字形读音、语法和语义。字形读音信息取自书面符号，语法、语义信息则依靠读者的语言能力。在抽样的过程中，读者不必看清每一个字母与单词，除非他处理的单词、语义与语法线索和他作出的预测吻合，否则他会视而不见。换言之，读者只选择读物中能证实他的预测的线索。读者的句法、语义知识层次越高，他们抽样的选择性便越强。抽样后如果预测的意义被证实，读者将对随之而来的内容进行新的猜测，如果他提取的样品不产生意义，或预测的书写符号输入没有出现，则需要从读物中提取更多的信息，以修正自己错误的预测。

阅读过程实际是读者的先前知识与阅读材料交互作用的过程。因此，"自上而下"的阅读教学模式主张在阅读教学中重视背景知识的导入，教师要帮助学生学会运用已有的知识（事实和社会文化方面的知识、有关阅读材料话题的知识、文章结构组织的知识、情景上下文的知识等）对文章的下文进行预测，包括阅读检验自己的预测、修订自己的预测、进行新的预测等。多数人认为，英语的阅读理解过程是先单词后句子最后归纳中心。所以，他们认为英语词汇等于英语阅读能力，并且将阅读能力不够好归咎于因为词汇和语法没有掌握好。当然，没有一定的词汇量是没法进行阅读的，可事实往往是，词汇量差不多的学生的阅读能力并不一样。对阅读过程的错误理解限制了学生的阅读能力。其实，在母语的阅读中，我们理解一篇文章时并不是简单地将各个词的意义相加得出全文的意思，相反，我们并没有特别关注文章到底用了哪些词、哪些句式，但是我们却很准确地把握了文章的大意。这种关注文章中心、关注文章整体的阅读模式就是自上而下的阅读模式。

"自上而下"模式有很多不同的变化，总体而言，其特点可归纳为以下几点：①认为阅读是一种主动在读物中寻找意义的思考过程；②强调读者已掌握的知识与技能在理解中的作用；③认为阅读是有目的性与选择性的，读者只专注于实现自身目的的必不可少的方面；④认为阅读有预见性，通过已掌握的知识与对理解的期望以及与阅读目的之间的相互作用，使读者能预见读物的内容。

（三）交互作用模式

一般认为，阅读教学过程分为三个阶段，即读前（pre-reading）、读中（while-reading）和读后（post-reading）阶段。交互作用模式可适用于这三个阶段。

1.读前的运用

读前是阅读的准备阶段。读前准备的主要任务是明确阅读的目的和布置阅读任务；主要活动是导入或引出话题，激发学生的阅读兴趣，优化阅读心理，介绍相关话题的背景知识，激活相关图式，扫清阅读理解上的文化障碍，呈现和学习相关的词句，扫清阅读的语言障碍，根据题目预测主题或相关内容，使阅读理解过程成为印证性阅读。由此可见，交互性作用背景下的读前活动可通过激发背景知识、谙熟阅读论题、预测阅读内容三种形式得以实现。

（1）激发背景知识

图式教学理论认为，在阅读过程中，读者的背景知识具有举足轻重的作用。背景知识包括学生以前获得的所有知识，如语言知识、社会知识、文化知识、生活知识等。当学生运用背景知识指导自己的阅读时，采用的是"自上而下"模式，即学生根据自己的知识和经验对阅读材料作出预测和假设；同时，也采用"自下而上"模式，即对文本中出现的单词、短语和句子进行解码，不断从语篇中获得信息，从而激发学生的背景知识。

（2）谙熟阅读论题

外语教材的阅读文章都具有论题，学生对论题的把握程度是对文章理解的关键因素。论题一般涵盖两方面的内容：一是具有语言学分析意义的论题，二是具有背景知识意义分析的论题。在教学中，教师引导学生采用交互作用模式对谙熟阅读论题很有裨益，一方面，可采用"自下而上"模式分析论题中出现的单词、短语或句子所隐含的语言学上的意义；另一方面，可充分利用学生已有的且与文章相关的知识，用讨论话题的形式激活他们头脑中的图式结构，即大脑中储存的背景知识，引导他们根据文章论题进行相应的讨论并预测文章的内容。

（3）预测阅读内容

预测是一种推理性的认知技能。在具体的阅读过程中，预测是指学生根据对文章提供的各种线索（包括文字的和非文字的）的查看和选择，并结合自己已有的认知结构和经验，对文章的叙事、人物关系、逻辑顺序、因果关系等内容进行预先推断。根据语言学的有关研究，阅读理解有两种图式，即语言学图式和知识图式。语言学图式是指根据阅读材料中出现的单词、短语或句子等语言学意义上的知识对阅读材料进行预测和推理；知识图式是指用背景知识去理解文章所传递的信息，也就是用学生头脑里的知识去理解、消化、吸收文章的信息。因此，要读懂一篇文章，掌握文章的中心思想，并能利用文章提供的信息来进行判断、推理，除了要有一定的语言知识外，还要对文章内容相关的背景知识进行预测。

2.读中的运用

读中是阅读活动的展开阶段。其主要任务是阅读理解文章，并在阅读过程中训练学生的阅读策略和阅读技巧。主要教学活动有通过略读了解文章大意，寻找、捕捉具体信息，按时间排序，回答事实性问题和推理性问题，并根据上下文推测词义，推测作者的深层寓意，识别文章体裁，概括段落大意，分析文章结构特征和写作特点等。具体的方法可以采用略读、浏览，以及根据所读内容或所见图画、标图等，完成连线、填表、排序、补全信息等任务，为文章选择或添加标题，根据所读内容制作图表，判断信息真伪等。

如上所述，学生预测的基础是其头脑中关于语言使用和语言结构的知识、文章话题的知识和一般世界的知识，而不是印刷符号。所以在阅读时，激活相关图式（语言图式和内容图式）就有可能较好地理解文章或语句的意义。因此，在英语阅读教学中，教师的首要任务就是让学生建立丰富的语言图式和内容图式。建立丰富的语言图式就是要努力提高识别词语、短语和句子意义的能力，从而提高对不同体裁的文章的识别能力，即教师采用"自下而上"模式。如英语中有许多特殊的句式（主动句、被动句、真实条件句、虚拟语气句、省略句、倒装句等），对这些句子的理解直接关系到对语篇的理解。如果学生头脑中有丰富的语言图式，其阅读的速度和理解的程度会得到大幅提升。除了激发学生的语言图式之外，教师更重要的任务是激发学生的内容图式，而内容图式的激发和参与需要采用"自上而下"的阅读教学模式。

3.读后的运用

读后是阅读内容的拓展阶段。其主要任务是根据所读内容开展一些评价或应用性活动，以口头、笔头形式巩固阅读成果。如复述大意，讨论，角色扮演或换角色讲故事，缩写、改写、仿写、续写等。

如上所述，无论"自下而上"模式还是"自上而下"模式都是单向性的信息传递。事实上，在阅读过程中，词汇、句法、语义知识以及背景知识都在发挥作用，并影响着学生对文章的理解。交互作用模式认为，阅读过程实际上是一个多种语言知识（包括文字、词汇、句法和语义等知识）的复杂的交互作用过程，任何单一的语言知识都不能促成对阅读材料的真正理解。例如，复述大意是学生在深入了解文章内容的基础上用自己的语言将文章大意重述一遍，可按照时间顺序、事件发展顺序等进行复述。复述活动既加深了学生对文章的理解，也锻炼了学生的口语能力。当然，复述也是建立在学生对文章单词、句子、段落的理解，以及过去的知识和经验与文章的链接基础之上的。而讨论和角色扮演或换角色讲故事活动，既可以培养学生英语口语能力，又能够培养学生的思辨能力、逻辑思维能力和发散思维能力，这也是交互作用模式的具体体现。缩写和改写则是学生在充分理解文章的基础上，利用文章中出现的关键词或主题句对全文进行概述或转述，既培养了学生的概括能力，又培养了学生的写作能力以及对词汇、句子和语篇的组织能力，也体现了交互作用模式的功效。

而仿写和续写是根据文章内容改变人称、地点、人物或事件，套用学过的词汇、句子和句法结构以及根据文章事件发生的逻辑顺序、事件顺序，发挥学生的想象力完成该文章的后续部分。

由此可见，该项活动仅仅依靠单向信息传递和处理方式是不能完成的，必须将词汇、句子和段落等语言传递和处理能力与学生自身的知识和经验提取能力有效结合，才能开展好读后阶段的教学活动。

英语阅读不仅是一种语言活动，更是一种思维活动。交互作用的阅读模式就是让学生在英语阅读过程中把语言符号通过心理认知转换成思维符号的过程。实质上，英语阅读理解也是一个信息之间相互交互、动态传递的过程。而交互作用模式在英语阅读教学中关注学生个体和群体的心理因素，重视课堂教学中师生的互动作用，同时注重开发和培育学生的语言潜能，因此为学生积极参与课堂活动提供了有力的保证。

三、英语阅读教学的目标和原则

（一）英语阅读教学的目标

在英语教学中，阅读的目的可以概括为以下几点：第一，通过阅读搜索所需要的信息；第二，通过阅读获取新的信息；第三，培养阅读理解能力；第四，从所阅读的文章中得到乐趣，激发阅读的兴趣。阅读教学的目标在不同的学习阶段要求也不相同。《大学英语课程教学要求》针对阅读目标划分了三个层次：

一般要求：能基本读懂一般性题材的英文文章，阅读速度达到每分钟70词。在快速阅读篇幅较长、难度略低的材料时，阅读速度达到每分钟100词。能就阅读材料进行略读和寻读。能借助词典阅读本专业的英语教材和题材熟悉的英文报刊文章，掌握中心大意，理解主要事实和有关细节。能读懂工作、生活中常见的应用文体的材料。能在阅读中使用有效的阅读方法。

较高要求：能基本读懂英语国家大众性报纸杂志上一般性题材的文章，阅读速度为每分钟70~90词。在快速阅读篇幅较长、难度适中的材料时，阅读速度达到每分钟120词。能阅读所学专业的综述性文献，并能正确理解中心大意，抓住主要事实和有关细节。

更高要求：能读懂有一定难度的文章，理解其主旨大意及细节，能阅读国外英语报纸杂志上的文章，能比较顺利地阅读所学专业的英语文献和资料。

（二）英语阅读教学的原则

不同的教师、不同的教学条件和环境、不同的学生、不同的教学目的以及其他与英语教学相关的方方面面的不同，反映在阅读教学上，就必然演化出各种各样的阅读教学活动，这就是英语阅读教学的实践。为了达到阅读教学的目的，保证阅读教学的有效开展，要遵循以下原则：

1.真实性原则

交际教学法的基本原则在于强调语言的交际性，而交际性首先来自语言的真实性。因此，在阅读教学中要特别注意真实性。阅读教学的真实性包括三层意义：

一是阅读材料的真实性。阅读材料的选择要考虑学生在日常生活中的交际需要，从现实生活里面选择问题多样、适合学生的语言水平、学生喜闻乐见的阅读材料。

二是阅读目的的真实性。在真正的交际过程中，阅读活动总是有一定目的的。人们阅读可能是为了获取信息或验证自己已有的知识，可能是为了批评作者的思想或写作的风格，也可能单纯为了消遣或打发时间。阅读目的不同，需要的阅读方法也就不同。阅读教学也要根据交际的需要，确定教学的具体目标。不同的文章可以专门用来训练学生的某一项或几项阅读技能，也可以用来训练学生的综合阅读能力。在具体的阅读教学中，阅读的目的还要体现在练习的设计上，要通过阅读练习帮助学生实现阅读目的。

三是阅读方法的真实性。学生要根据自己的阅读目的、文章的体裁类型等选择适当的阅读方法。重语言、轻理解，把阅读教学的大部分精力放在语言知识的讲解上，就违反了阅读的一般规律，是阅读教学失败的一个重要原因。一定要明确阅读课堂教学的目的是"先理解、后语言点"，让学生真正参与阅读实践，亲身体验阅读过程。不然，教师剥夺了学生亲自阅读理解、分析判断、推理对比、评价总结的机会，就很难快速培养其阅读能力。

2.层层设问原则

课堂提问是教学活动的有机组成部分，教师根据一定的教学目的，针对相关的教学材料，设置一系列问题，要求学生思考回答，以促进学生积极思考，提高教学质量。层层设问原则主要是指教师在阅读教学中提出的问题应该具有层次性，一环扣一环，逐步揭示文章的主题。

3.积极性原则

阅读不是一个被动的过程，而是一种高度积极主动的创造性行为，是读者根据自己已有的信息、知识和经验对语篇进行筛选、分类和解释的过程，是读者通过语篇与作者相互作用的交际行为。读者的心理状态对阅读具有重要的影响。决定阅读心理状态的具体因素包括阅读目的、兴趣、必要性、积极性等，可以概括地用"强制性"的强度来表示，强制性强度大的阅读往往目的不明确或缺乏兴趣、积极性差，属于被动阅读；强制性强度小的阅读则往往出于兴趣，是自发性的主动阅读。在实践中，前一种阅读比后一种阅读更难进行，或者说难度更大。比如，同样的阅读材料在学生平时的学习中不算很难，但放在考试中就可能要难得多。提高学生阅读的积极性要从以下几个方面入手：一是选择学生感兴趣的、难度适中的文章；二是开展生动有趣的课堂活动；三是及时发现学生的进步，多表扬、多鼓励。

4.循序渐进原则

阅读教学目标的完成不会一蹴而就，它是一个循序渐进的过程，需要一个合理的总体设计和长远规划。教师应该在材料选择、任务确定、阅读方法以及阅读教学的反馈等诸方面作出全面、细致的考虑，并鼓励学生寻找适合自己的阅读方法，积极引导学生采用适合自己的阅读方法去完成既定的阅读任务。

5.因材施教原则

由于学生之间存在着个性差异，因而学生学习阅读的进程就有所不同。教师应注意满足不同水平学生的特殊需要，力争使每个学生都能相应地提高阅读技能。比如，有的学生阅读成绩不佳而有自暴自弃的情绪,对于这类学生,教师可以先给他们简单的阅读材料,再逐步增加难度,让他们看到自己的点滴进步,经常表扬、鼓励他们,帮助他们增强信心。而有的学生基础好,学习兴趣浓厚,课堂上的阅读常常满足不了他们的阅读欲望,针对这类学生,教师应向他们介绍和推荐一些适合他们的读物,布置一些富有挑战性的阅读任务,以满足其阅读欲望。总之,教师应根据每个学生的特点认真分析,并将其分类,在教学中有意识地对其提出不同要求,采取不同方法,从而做到因材施教。

6.速度调节原则

阅读速度不一定等于理解能力。有的人阅读速度快,但是理解能力差;而有的人阅读速度慢,理解能力也差。针对这些学生,应加强一般阅读技能的训练和语言的基础知识的积累,而不宜加快阅读速度。教师应根据教学的进程设置不同的阅读速度,在阅读教学进行之初,可以放缓阅读速度,注重的是对材料进行有效的理解。慢速度阅读有时也是一种需要,例如,对于诗歌、散文、小说等应该细细地品读,深入地分析领会,认真地思考、品味、评价和欣赏。但随着词汇量的扩大,语义、句法知识的增加,语感的增强和阅读技能的提高,阅读速度亦随之加快。这个阶段就应该进行相应的限时训练,加强训练的强度,进而完成阅读教学的目标。可以说速度调节原则就是要求教师在阅读教学过程中做到张弛有度,根据不同阶段的教学目标做相应的调整。

四、英语阅读训练的方法

(一)激发学生的阅读兴趣

阅读教学的目标是使学生具有较强的英语阅读分析能力。教师的基本任务就是引导,根据不同的阅读环境、阅读材料提供相应的背景知识,教授一些阅读中的基本技巧,在阅读前激发学生的阅读兴趣和欲望,帮助学生成为有辨别力的、独立而有效的阅读者。培养学生独立阅读能力的第一步骤就是激发学生的阅读兴趣,帮助学生产生强烈的阅读欲望。

第一,与学生已有的经验和有关知识寻找关联。激发学生阅读兴趣的方法是根据学生学习过的文章或有关知识提出一些问题。多表扬,少批评,大家一起讨论,增强学生的自主性,然后再让学生学习新的知识。

第二,通过对标题的讲解,让学生大胆预测阅读内容。对于一篇阅读材料,教师不要急于讲解，可以发挥学生的自主性，让学生围绕标题进行大胆的联想和猜测。即使在文章的讲解过程中仍可以间歇性地引导和启发学生的逻辑思维，为学生的创造性留有空间。

第三，"限时性"是强化阅读的有效方法。缓慢地、不连续地和精力不完全集中地阅读，在单位时间内无法获得大量的知识信息，阅读者会产生心理压力，也无法体会到阅读的满足感。"限时性"阅读就是让学生在规定的时间内完成一定的阅读量，使学生有目的地阅读，这样可以集中精力，避免重复劳动带来的厌倦感。这样的训练也为学生的应试作了准备。另外，教师还可以准备相应的配套试题供学生参考。

（二）在阅读教学过程中充分注意学生的心理活动

阅读是一种融合了感知力、理解力、综合分析能力以及记忆联想和判断推理的复杂思维活动。因此，教师要充分关注阅读过程中学生的心理活动。

第一，开展阅读之前让学生充分理解阅读的重要性。阅读对人生具有重要的启迪作用，是开启知识之门的钥匙，只有学会阅读，充分消化吸收知识，才能汲取前人的智慧，为自己的人生寻找方向。

第二，在阅读过程中难免会碰到一些读不懂、理解不了的地方，此时学生会产生恐惧心理，长此以往也会有退缩心理。教师在引导学生阅读时应该有计划地向学生传授阅读技巧，并结合大量的阅读实践，训练其中的技巧。

（三）注重阅读技术

学生是阅读的主体，注重阅读技术对于提高学生的阅读能力是百益无害的。教师要注重引导，抓住本质，使学生融会贯通。

第一，重视文章结构。文章结构可以被称为文章的"骨骼"，阅读文章之前首先分析结构是"工欲善其事，必先利其器"。在分析过程中，首先要找到文章的主旨，大部分在文章的开头，也有的在文中，或者在文末。另外要注重篇章结构，明确作者的逻辑思路是演绎推理还是归纳推理，是由事实到论点还是由论点来举例论证，是由点到面还是由面铺点。掌握了文章的结构，既有利于学生提纲挈领，又有利于学习写作方法和训练自己的思维能力。

第二，重视词句的学习。阅读的过程首先也是个学习的过程，通过阅读学习陌生的词句是不断积累的过程。在阅读中养成良好的习惯,一次读完整个句子,不要碰到陌生的词就查阅字典。可以根据整句或联系上下文进行猜测,通读完毕再对猜测进行确认。

第三,重视语法结构。长难句是阅读的难点所在,有些长难句虽然没有生僻词和旧词新译的情况出现,但是由于句子成分过于复杂,往往也很难真正理解。如果遇到这种情况,只要耐心地分析句子成分,灵活地运用语法知识,分清所指代的具体意义,这样才能真正把句子吃透,做到融会贯通。

(四)培养学生独立阅读的能力

阅读能力包括学生的观察力、注意力、记忆力、想象力和思维能力。培养学生的阅读能力,就是把学生的这五种能力作为一个整体。建构主义理论认为知识是由个人建构的而不是由他人传授的,学生是知识建构的主体,学习不是由教师把知识简单地传授给学生,而是由学生自己建构知识的过程。因此,阅读教学应该紧紧围绕学生来设计,建立学生与学生对话、学生与教师对话和学生与作者对话三个不同层次,实现英语课程教学目标。培养学生独立分析问题和解决问题的能力是提高阅读能力的必要手段,而且独立思考和独立工作的能力也正是英语教学工作的重点内容之一。在课堂上,教师通过启发式教学,培养学生的想象推理能力,为学生学习提供方便。在课下,学生能够掌握查阅资料的正确方法,迅速找到相关信息,独立完成阅读任务,并且读有所获,真正做到学以致用。

第二节 英语听力课程设计

一、英语听力教学概述

（一）英语听力教学的理论基础

在听、说、读、写四项技能中，听被称为"接受性技能"，但是这并不意味着听就是一个被动的接受过程，实际上，听是一个非常主动的、积极的信息处理过程。心理语言学的研究表明，听的过程与人的记忆具有密切的关系。根据识记与保持的时间的长短可以把人的记忆分为瞬时记忆（immediate memory）、短时记忆（short-term memory）和长时记忆（long-term memory）。三者各自承担着不同的任务，形成一个完整的信息记忆与处理系统。

瞬时记忆就是在感知事物后极短时间内（如一秒钟左右）的记忆；短时记忆就是经过识记过程，在较短时间内（如几秒至几十秒）的记忆；长时记忆则是在较长时间内（如以日、月、年计的时间）的记忆。这三种记忆除了在获得与保持的时间长短上有区别以外，在其他一些方面也有所不同，如在记忆广度、记忆内容的形象性、信息提取的难易程度以及生理机制方面等。

瞬时记忆是由感官直接传入的，因此，一般具有比较鲜明的感觉形象性，也可称为感知记忆。它的保持时间极短，一般认为约在一秒钟。它的重现是很容易的。瞬时记忆有一定的广度，如果材料各项间没有特殊的联系，则各种不同性质材料（如数字、字母、无意义音节等）的瞬时记忆广度都是 7 个项目（或单元）左右。瞬时记忆的生理机制可能是神经细胞群在刺激后的继续活动。它是由一种短时的电化学反应所引起的，但会随着时间的推移而自动消退，它的活动痕迹的神经组织范围也是比较狭小的。

短时记忆的保持时间虽比瞬时记忆略长，但也是很短的。一般认为，它的保持时间是以秒计算的，最长也不过是一分钟左右。例如，在电话簿上查到一个不熟悉的电话号码后，我们就能根据短时记忆拨出这个号码，但是在拨完号码后，甚至在拨号过程中便会把它忘掉。要使材料保持在短时记忆中，复述是必要的；否则很快（如不到半分钟）就会被遗忘。短时记忆的重现也是比较容易的。短时记忆的数量或广度也很有限，和瞬时记忆一样，它的广度一般也只是 7 个左右的无联系的项目（如数字、字母或词等）。它的生理机制也基本上和瞬时记忆相同，不过持续的时间略长而已。

长时记忆指在识记一则材料后经过一长段时间能够把它背诵出来的能力。长时记忆能够保持的时间是较长的——从几分钟、几小时、几个月、几年，直到终身。长时记忆的数量极大，可以说并无限度。事实上，它可以包括一个人的全部知识。又由于它的数量极大，有时就不免使回忆发生一定的困难。长时记忆的主要条件是复习。长时记忆（特别是语文材料的记忆）的特点之一是记住了信息的意义，而不只是机械地记住了一些彼此孤立的单元，如词等。长时记忆的识记是一个组织、建造的过程，所以它所存储的全部知识也是一个有秩序、有组织的统一体。这就使人们有可能迅速地通过多种渠道从浩如烟海的长时记忆中提取有关的知识。长时记忆依赖于以前获得的知识，在识记时把当前识记的材料和过去的知识联系得越多，则以后回忆起来就越容易。

从系统论的观点来看，瞬时记忆、短时记忆和长时记忆是一个统一记忆系统中的三个不同的信息加工阶段，它们之间不是彼此孤立的，而是相互影响、相互作用又相互联系的。

根据记忆的三个阶段，听的心理过程也包含三个主要的阶段：

在第一阶段，声音通过人的感觉器官进入瞬时记忆中，并利用听话者已有的语言知识把这些信息转化为有意义的单位。信息在瞬时记忆中存储的时间很短，听者只有很少的时间对这些意义单位进行整理。在听母语时，这一过程一般都能顺利完成，而在听外语的过程中，当听者设法将连续的语流组织成有意义的单位时，很可能会出现问题。有时还可能在听者处理完现有的信息之前，新的信息又不断地涌入，从而导致听者听力理解的困难。

在第二阶段，信息处理是在短时记忆中完成的，也是一个非常短暂的过程，不超过几秒。在这一阶段，听者会把所听到的词或词的组合与储存在长期记忆中的语言知识进行比较，把记忆中的信息进行重组、编码后，形成有意义的命题。听者要对连续性的语流进行切分，切分的主要线索是意义。意义体现在句法、语音、语义三个层面上。在获取意义之后，听者一般会忘掉具体的词汇。在这一阶段，处理速度是至关重要的。已有的信息必须在新的信息到来之前处理完成，这对于外语学习者来说，很容易造成处理系统的信息超载，一个初级的外语学习者往往会因为处理速度不够快而无法从信息中获取意义。随着学习者听力训练的不断增加以及语言知识的积累，对于一些经常听到的信息的处理会成为一种自动化的过程，从而留出更多的空间来处理难度较大或不太熟悉的信息。

在第三阶段，听者会把所获取的意义转移到长时记忆中，并与已知信息相联系，确定命题的意义，当新输入的信息与已知信息相匹配时就产生理解。在这一阶段，当形成的命题与长时记忆中的已知信息相联系时，大脑便通过积极的思维活动去分析、合成、归纳，使其成为连贯的语言材料，从而实现意义的重构，然后将重构的意义而非原有形式在长时记忆中保留。

上述过程只是描述了听的过程中信息处理的大体步骤，而实际过程要复杂得多，因为听的过程中的信息处理并不单纯依靠语言本身。听者必须把语言置于具体的语境之中，才能理解真正的意义。在听母语的过程中，听者会自动激活他们长期以来积累的文化知识、讲话人的背景等相关的信息，而且能够根据以往的经验在一定程度上预测下一步将要听到的内容。他们知道不同类型的人会以不同的方式表达不同的内容，在不同的场合以及讨论不同的问题时使用不同的语言风格。人们谈话的方式也会受到谈话参与者之间关系的影响，父母对孩子、妻子对丈夫、领导对下属、售货员对顾客等都会影响语言风格的选择。这些知识在上述三个阶段都会起作用。

听力学习过程是语言学习过程的一部分，所以对听力材料中语言点的学习是不容忽视的。如果我们的头脑中并没有相应的贮存，我们便无法了解外部信号的作用。例如，没有学过外语的人就会对外语声音毫无反应。换言之，听话的结果取决于记忆结构。语言点一般包括值得重点关注的常用词和常见句式的意义、用法以及关键词或生词，或是容易听错的地方。语言点的学习能帮助学习者注意词汇的发音、含义、用法以及句子的结构和含义等。记忆结构包括音、词、词组、句、语篇等语言知识，还包括语言在社会中使用的知识、社会文化知识和一切其他非语言知识。另外，在听话过程中建立起来的一切自动反应模式都可以贮存，并在适当的条件下自动发生作用。在听力任务结束后，配合语言点的讲解，有益于语言知识的扩展和听力技能的提高。如果只把听力练习当作听力测试，那就只会在乎结果，只会在乎测试题的对与错，这样的练习往往使听者的水平难有本质上的改变。因此，我们可以得出结论：听力是多方面能力的综合。

（二）英语听力教学的目标

英语听力教学的主要目的是培养学生在现实生活中进行真实交际的能力，能够借助听力完成现实生活中的各种任务，同时促进自己的学习和发展。随着学生认知能力的进一步发展，对学生听力能力的要求逐渐提高。听力教学的目标在不同的学习阶段要求也不相同。《大学英语课程教学要求》针对听力目标划分了三个层次：

一般要求：能听懂英语授课，能听懂日常英语谈话和一般性题材的讲座，能听懂语速较慢（每分钟130～150词）的英语广播和电视节目，能掌握其中心大意，抓住要点。能运用基本的听力技巧。

较高要求：能听懂英语谈话和讲座，能基本听懂题材熟悉、篇幅较长的英语广播和电视节目，语速为每分钟150～380词，能掌握其中心大意，抓住要点和相关细节。能基本听懂用英语讲授的专业课程。

更高要求：能基本听懂英语国家的广播电视节目，掌握其中心大意，抓住要点。能听懂英语国家人士正常语速的谈话。能听懂用英语讲授的专业课程和英语讲座。

（三）英语听力教学的内容

英语听力教学的内容一般应包括以下几点：听力知识、听力技能、语音训练、听力理解和逻辑推理训练等。

1.听力知识

听力知识包括语音知识、策略知识、文化知识、语用知识等。语音知识不仅是语音教学的内容，而且是听力教学的内容，因为听力的首要任务就是语音解码。因此，学生有必要掌握发音、重读、连读、意群和语调知识。对于听力理解，策略知识、文化知识、语用知识同样必不可少。缺乏一定的策略知识，就难以根据不同的听力任务选择适当的听力方式。缺乏对目的语国家的文化知识的了解，听的时候就会产生歧义，无法理解听到的内容。缺乏相关的语用知识，也难以真正理解对方说话的内涵，进而影响交际的质量。

2.听力技能

辨音能力。辨音能力是听力理解最基本的能力，包括音位辨别、重弱辨别、意群辨别、语调辨别、音质辨别等。

交际信息辨别能力。实施有效交际的关键之一是培养交际信息辨别能力，包括辨别新信息指示语、例证指示语、话题终止指示语、语轮转换指示语等。

大意理解能力。指理解谈话或独白的主题和意图等的能力。

细节理解能力。指获取听力内容中具体信息的能力。

词义猜测能力。指借助各种技巧猜测谈话中所使用的生词、难词等未知表达方式的能力。

推理判断能力。指对谈话人之间的关系，说话人的意图、情绪、态度和言外行为等非言语直接传达的信息，通过推理判断其深层含义，进而理解说话人的意图、谈话人之间的关系、说话者的情感态度等的能力。

预测下文能力。指对谈话下文所要出现的内容进行猜测和估计，从而确定事物的发展顺序或逻辑关系的能力。

评价能力。指对所听内容进行评价，表达自己观点的能力。

记笔记。根据听力要求选择适当的笔记记录方式。适当的记录方式有利于听力信息的获取。

选择注意力。根据听力的目的和重点选择听力中的信息焦点。

3. 语音训练

语音训练包括对听音、意群、重读等的训练。训练的程序应从词到句再到文。对于造成听力困难或容易混淆的语音专项训练，如 bed—bad、chip—cheap、pin—pen、ship—sheep、sit—seat 等。语音训练是为了增强学生的语音辨别能力，为提高听力理解打下坚实的基础。

4. 听力理解

听力技能的培养是为理解服务的，除了语音和技能的训练之外，听力教学更多的应是通过各种活动，训练学生对句子和语篇的理解能力，使学生的理解由"字面"到"隐含"再到"应用"，步步加深。

5. 逻辑推理训练

在听力教学中，还要训练学生的逻辑推理能力，并加强他们的语法知识积累，因为语法和逻辑知识是正确理解和判断听力材料的必要条件；另外，语言的学习是需要语感的，就是对信息有一定的预测能力，当能预知将要听到的信息范围时，头脑中该范围的知识储备就被"激活"，那么听力的效果就会好一些。

二、英语听力教学的原则

语言教学中的"听"，实质上是理解和吸收口头信息的能力。在语言学习活动中，人们正是通过这种领会能力获得大量语言材料,并促进说、读、写等其他语言技能的发展。根据现行英语课程标准要求,英语试卷中听力的比重有加大的趋势。而目前英语教学的现状是学生读写能力要比听说能力强;教师在听力教学中也往往无所适从;听力题处于试卷的第一部分,如果这一部分发挥不好,直接影响学生后面主客观题的作答。因此,对听力教学的基本原则和一般方法进行探讨是很有必要的。

现阶段,英语教师普遍采用对听力材料重复多听的方法来上听力课,其弊有三:

首先,这种方法不现实,它与考试要求脱节。听力能力测试中除短文理解读两遍,句子、对话等只读一遍。这就使得在重复多听的方式下训练出来的学生不适应"实战"。

其次,效果不佳。这种逐字逐句重复听的方法导致的必然结果就是学生只抓住了点而忽视了面,也就是对细节注意过甚,而对对话、短文整体意义不甚了解。所以在处理对听力材料通篇理解,如短文的中心、主旨等题时往往出错;而对那些隐含的信息,如对话发生的时间、地点,说话人对某事的态度、意见也往往捕捉不到。

最后,这种听力教学易陷入模式化窠臼。结果是教师、学生都疲惫不堪,学生对"听"产生畏难情绪。因此,教师要真正提高听力教学效果,首先要充分认识听力教学的基本原则,从而指导听力教学正确、合理地进行。

(一)循序渐进原则

听力材料的选择应遵循循序渐进的原则,由易到难,兼顾多样性、真实性。这里所讲的听力材料是指课本"听力训练"以外的材料。开始着手听力训练时,材料语速不能过快。尽量选择吐字清晰、连读、弱读现象少的材料;听力内容可以是日常生活会话、社会热点话题、新闻、故事等以激发学生听的欲望和兴趣;让学生在听的过程中确实有所得、有所知;另外,听力材料最好能体现真实性,即语音、语调真切自然,不夸张,符合母语人士在自然交际场合中的说话标准。在听力训练方面,要确定听力培养的不同阶段,确立不同的培养目标。

(二)训练模式多样化原则

教师应该根据不同的训练目的,采用不同的训练手段。在课堂上,学生听教师和其他同学讲英语是培养听力的重要途径。教师可根据由慢到快、由易到难、由简到繁的原则坚持用英语组织课堂教学、讲解课文,并鼓励学生大胆讲英语,以营造浓厚的课堂氛围。另外,教师应根据不同的教学目标选择不同的听力材料并采用不同的训练模式,比如，让学生区分练习各种语音，从而领会其表述的意义；提前给学生出一些问题，让学生听材料时用母语给出答案；听以正常语速讲的所学过的各种对话；鼓励学生自由选听各种材料，然后说出或写出所听的内容。教师应尽可能地为学生创造听英语的机会和条件，使其通过听觉接触大量的英语，逐步发展听的能力。

（三）兼顾分析性和综合性的听力能力训练

分析性听力能力指的是为了处理考查细节的听力题，而逐字逐句地分析、细听。这就需要学生在听时"抠"字眼，例如，对题中要求回答的事件发生时间、地点、年份、数字等，就要求学生在听时特别注意此类细节并作简单记录。综合性听力能力指对听力材料进行粗线条的整体理解。这种听力能力可以处理考查材料主旨、整体思想等方面的听力题。这往往是对短文类听力材料理解的第一步。当然现实听力训练中，由于听力题既涉及细节问题，又不忽视对材料的通篇理解，所以要求学生把分析性听力能力与综合性听力能力结合起来，以适应题目的要求。每个听力活动都应有其目的，训练一个或多个具体的听力技能。一个听力活动也可具有一个或多个训练目标，但要注意不要给不同阶段的学生过重的学习负担。让学生明确每次听力理解的目标，这将有助于学生选择恰当的听力技巧进行练习。围绕听力活动的目的，教师要采取多种手段综合训练，单一的听力训练很容易造成课堂气氛沉闷，使学生对听失去兴趣。

（四）分散训练和集中训练相结合

分散训练主要贯穿在语音、词汇、语法和课文等教学中进行，即通过语言教学，不自觉地让学生接受听力的专项训练。例如，在词汇教学中，学生应在掌握词汇用法的同时能感知该词的发音，并听懂该词在具体应用中的句子。

（五）听、说有机结合

听力理解过程不是被动的过程，而是一个积极的、创造性的思维过程。学生对听力材料的反应是他们理解的镜子，所以学生理解的情况要通过观察学生对所听材料的反应来判断；检查学生的反应情况可以是书面的（听力题），也可以是口头的。例如，教师可让学生复述所听材料或关键语句，这有助于学生对听力材料的理解。作为输入的"听"和输出的"说"，两者紧密相关，相互促进，因此，在训练听力时结合说的训练，使学生看到听的效果，从而增强信心和兴趣。

（六）符合交际需要原则

听力训练的最终目的是培养学生听懂地道英语的能力，以适应交际的需要。在平时的教学中，教师应坚持用正常的语速说英语，并严格要求自己，力求发音准确无误。由于听录音是培养听力的有效方法，因而教师要充分利用各种电教设备，让学生多听地道的英语，并让学生习惯于听不同年龄、性别、身份的人在不同场合的发音。偶尔也可以让学生听一些时下流行的英文歌曲，以此来提高学生的学习兴趣。

此外，教师要充分认识造成学生听力理解困难的主客观因素。听是语言习得的第一步，说的能力是直接建立在听的能力之上的。而学生处于非英语环境中，往往通过读写途径获得英语知识，听说方面很少触及，这就造成了听力理解上的困难。具体讲有三个方面困难：

首先是语言上的困难。包括语音、语汇、语法三个方面；学生平时发音不标准，分辨不出长短音，很难听出 thirteen 和 thirty、heat 和 hit 等的区别；另外，学生平时缺乏模仿，听力材料中句子的略读、连读也增加了学生理解的困难；对词组搭配。习惯用法不熟，句子结构不了解，这都会造成听的困难。

其次是内容上的困难。听力材料包罗万象，有风土人情、政治新闻、趣闻故事、科技、地理、文化教育等，如果学生知识面不广，即使听懂单词、句子，对整体内容理解上也存在偏差。

最后是心理上的困难。学生在做听力题时往往心理紧张，越是想逐字逐句地听，越是跟不上节奏，一旦遇到生词或听不懂的句子，就停下来琢磨，而听力材料已经转入另一部分，这样学生就会手忙脚乱，失去信心，影响听的效果。

听力教学原则与教学方法互为因果，紧密相关。教学原则指导教学方法，教学方法以教学原则为基础。所以针对以上听力教学原则，可以参考以下听力教学方法：

第一，针对听力教学要坚持循序渐进这一原则，要由浅入深，由易到难。可以从听字、词开始然后发展到句、篇。具体做法是：教师设计一些辨音选词的练习，以口头或磁带形式呈现给学生，提高学生的语音辨别能力；在此基础上听句子，教师可以从日常课文中选出含有复杂语法结构、特殊语言表达习惯的句子，口头读出，通过学生重述来检查听的效果，做到听说结合，师生互动，必要时分析句子结构，讲解用法，为学生理解扫清障碍。

第二，针对兼顾分析性听力能力和综合性听力能力的训练，应鼓励学生先看题再去听，即带着问题听，这样减少盲目性，增强针对性。教师可就此设计一些练习，如训练分析性听力能力，就设计一些细节题，像故事发生的时间、地点等；训练综合性听力能力，就要求学生听完材料后，给出"general idea"（中心思想）；最现实的训练是兼顾分析性听力能力和综合性听力能力，即在同一听力材料中既有细节题又有大意题。

第三，针对分散训练和集中训练教学原则，要以循序渐进原则为标准，由易到难，也就是由分散到集中，平时所做的无意识的听力训练归根结底是为集中的综合听力能力训练服务，所以这里不再赘述。

第四，要做到听、说结合可以采用"2R"法，即 Repeat、Retell。Repeat（重复）：可让学生重复听听力材料中与题目相关的关键句子，以锻炼学生敏锐地捕捉信息点的能力和反应速度；Retell（重述），即教师引导学生用自己的话重述所听内容。这样有助于学生对听力材料的通篇理解。总之，不能"listening for listening's sake"（为了听而听），要能把听懂的内容说出来，使听说真正做到互相促进，相得益彰。

第五，认识到造成学生听力理解困难的主客观因素，在平时训练中逐步克服。对于语言上的困难，教师具体从语音、词汇、语法三个方面着手，这些基础知识都贯穿于英语教学的始终。对于内容上的困难，教师可以通过让学生进行大量泛读来解决；这里说的泛读不仅指英语文章也可以是汉语文章；不仅是学生感兴趣的趣闻逸事、文化习俗等文章要读，科技博览、政治经济等文章也要涉猎，如 *China Daily*、*Crazy English*、*World of English* 等报纸、杂志上的文章都可作为泛读材料。对于心理上的困难，需要长期训练，树立自信心是最重要的。如果前面两个困难都能克服，那么心理上的困难也就迎刃而解了。

其实，英语教学工作者在听力教学中都在自觉或不自觉地遵循并应用这些方法。不管怎样，要真正使听力教学适应素质教育的要求，使之系统化、有章可循，适合中国学生的特点，需要把听力教学贯穿于英语教学的始终，使听力教学在英语教学中的重要地位得以体现。

三、英语听力训练中的策略

听力策略是在听力过程中体现和运用的，主要有以下几种：

（一）调控策略

当听一篇文章时，学生会在听音中出现注意力瞬间中止的情况，当发生这种情况时，听力能力较强的学生会立刻意识到其注意力不集中，并很快能自觉地把注意力重新集中在听力材料上；而听力能力较弱的学生则只顾前不顾后，一遇到生词，就会停止听音，陷入对生词的苦思冥想中，无法使自己的注意力重新回到所听的材料上。

（二）切分策略

通过观察可以发现，听者对不同长度的信号在反应时间上并无明显的区别，一个意群被感知的速度不会低于音素被感知的速度。听力能力较强的学生依据讲话者的语调和停顿，能把口头语划分成尽可能长的意群，因为任何讲述都要依据段落和意义进行停顿，如果听者的切分能与讲话者停顿相吻合，就会大大地缩短听者对语言符号反应的时间，使听者更有效而准确地理解语篇；而听力能力较弱的学生总是以单词为单位，期望听清每个单词，最终却只能记住支离破碎的几个词或句子，对整个语篇不能形成整体的理解。

（三）记忆策略

通常听者如不采取一定的策略，极难记住长段的内容和全部细节，这会影响听者对材料的正确理解。听力能力较强的学生，一般在听音过程中善于利用英语特有的停顿、节奏等，抓住有利时机快速记下有用信息，在必要时通过笔记等立刻激起已有记忆，使音、义、形快速联系，从而对语篇作出正确的理解；而听力能力较弱的学生不善于做笔记，不知道该记什么，而且抓不住做笔记的有利时机，听时不能写，写时不能听，有时由于速度过慢而顾此失彼，两头不能兼顾。

（四）预测和选择策略

当听一个语篇时，听者没有必要也不可能把每个单词或单句都听得很清楚。听力能力较强的学生在听语篇时善于通过预测选择要点，往往能根据题目选项推知材料的大致内容，会出现哪类专有名词，会提出什么样的问题，这样他便可争取主动，对即将听到的语篇做到心中有数，解题时也就得心应手了。另外，这类学生还善于捕捉段首句、主题句和过渡性词语等来掌握段落内容、中心思想，厘清句与句、段与段之间的逻辑关系，完整理解整个语篇。这是因为段首句大都是表达段落中心思想的主题句，它简明扼要地告诉听者段落的内容，而过渡性词语则表现出时间和空间、举例和例证、对照和比较、引申和转折、推论和总结等逻辑关系，它对整个语篇的理解起着不可忽视的作用；听力能力较弱的学生则往往抓不住要点，跳不出单词或句子的圈子，常把注意力集中到词和句子的具体细节上，抓不住文章的主要信息，只见树木而不见森林。

（五）联系策略

联系策略是把新信息同先前的知识或同新信息中的其他内容相联系的策略。它是一种有助于理解和记忆的高级策略，听力能力较强的学生善于把新信息同先前的知识相结合，不仅能充分利用已有信息推出另一信息，而且还能通过把新信息与先前的知识类比来推测不熟悉的单词或词组的意义。此外，听力能力较强的学生还善于运用个人经验，对新信息作出评论性的判断；而听力能力较弱的学生则不能充分利用自己的现有知识，对新材料缺乏细致的体会，因此也就不能把新信息与自己已有的知识相联系。

（六）推理策略

推理策略是运用已有知识和听力材料中的新信息猜测意义或补充失去信息的策略。在交际环境中，大量信息的获得不是单靠简单地输入词句结构就可实现的，而是在很大程度上要利用现有知识联想讲话的具体环境、讲话者之间的关系等隐含线索对输入的新信息进行逻辑推理来实现的。听力能力较强的学生由于具备记忆听力资料、选择要点、解析资料以及将知识与经验相结合等能力，容易在已有知识、段首句、主题句以及具体语境的启发下推断出生词的词义、语篇的中心思想以及材料深层的隐含意义；而听力能力较弱的学生由于缺乏各种听力理解能力，因而在推理方面表现得不理想，其理解水平只能停留在材料表面的词、句结构上，不能准确、透彻地理解语篇。

教师在听力教学过程中需要做两方面的工作：

一是帮助学生建立与教学内容相关的图式。要做到这一点，必须注重文化背景知识的传授，如英美国家的政治、经济、宗教、习俗等。同时，也不能忽视语言图式的建立，包括语音、词汇、语法等方面知识的传授。学生应该打好牢固的语音基础。自己的发音标准了才能确保听音的正确。应该熟悉和掌握英语的音素、音节、重音以及语音同化、失去爆破，音节的重读和弱读，包括词与词构成的意群、句子的语调等，还要能够听懂和辨别英式和美式等不同的音调和风格。

二是要设法激活学生头脑中已有的图式，把他们的知识和经验充分调动起来，从而增强消化吸收新知识的能力。从组织教学的角度来看，充实学生的知识图式结构要比设法激活它容易做到。在课堂上,教师要有计划、有步骤地训练学生掌握一些单项听力技巧。它可以用一个或几个词、一个短语或一个句子来概括,此类题要求学生听懂材料的内容,并对其作出归纳和概括。

教师在课堂上应把听力理解的训练放在重要位置上,并且鼓励学生在课外利用各种渠道接触听说,强化这方面的能力。学生平时要加强英语文章朗读,坚持不懈地、广泛地听各种不同的英语有声材料。教师可以把听力教学分为三个阶段:听前阶段、听中阶段和听后阶段。在听之前,教师可以通过预测练习或利用关键词来提示材料的背景、范围、功能,激活学生内在的相关词语、句式以及其他已知信息。有关听力测试的材料要多听、反复听,做到凡是看得懂的都能听得懂,摸透考试套路,只有这样才能稳步提高自己的听力技能,游刃有余地驾驭听力考试。

第三节 英语写作课程设计

一、英语写作教学概述

写作是一项语言输出技能。在英语听、说、读、写等技能中,写作对学习者的要求最高。在英语写作的过程中,学生不仅必须掌握拼写、标点等写作基本知识并具有用英语遣词造句的能力,而且需要以英语思维方式创造性地、合乎逻辑地表达思想,因此,英语写作教学对教师的要求也很高。

从写作本身的功能来看,写作是交际的需要,书面交际可以打破时空的限制,实现作者和读者之间的交流。尽管现代科技极其发达,人们可以采用各种通信手段进行口语的交流活动,但是仍有大量的交际活动需要以书面的方式完成。另外,从英语学习者的角度看,写作在英语学习过程中也起着重要的作用。写作能力的提高可以促进听、说、读能力的提高。写作是一种语言实践活动,在培养学生交际能力的过程中,写作能起到承上启下的作用。写作不仅有助于巩固经由读和听输入的语言材料,促使语言知识的内在化,提高语言运用的准确性,而且还能为实质性的口语能力打下扎实的基础。

（一）写作教学的重要性

在四种语言技能中，说和写都属于产出技能。而写作则是英语各门课中层次较高、地位比较重要的一门课。然而，许多学生认为只要会说英语，就能写英语。因此，对写作的兴趣远远不如对读、听、说的兴趣。教师在教学实践中，对写作的重视程度也比不上精读课文和听说训练。其实，英语写作从一个侧面体现了英语教学的本质。书写的语言具有独立的语言功能，在结构和功能上不同于口头语言。美国社会语言学家戴尔·海姆斯也指出，说话和写作不是简单的互换。二者发展的途径存在着明显的不同。比如，写是一种经过学习的行为，是一种人造的方式；说则不是，说是自然的。一般情况下，说之于写，说注重说话时的环境，写则必须提供自己的环境，也就是上下文。对于写来说，读者不在场；而对于说，则有听众在场。通常情况下，写产生一种可视的文字产品，说则不然。也许正因为这一点，写比说更严格，更具有责任感。写要求作者在遣词造句和联句成篇的过程中进行认真的思考，这无疑是一种积极的助学方式。

写的过程是将思想变成文字的过程。写作使我们看到人们在如何思考。如果一个学生写不清楚，那么可以说他是没有想清楚；如果他的文字组织得不好，那么可以说他的思维杂乱。写作水平可以说是衡量一个学生英语水平最重要、最全面，或者说最权威的尺子。只要读读一个人用英语写的文章，我们就能全面、准确地把握他的英语语法观念、语言思维能力、语言功底，以及其英语语言文学修养。

（二）汉英思维以及语言差异

当用英语写作时，许多学生理所当然地认为用汉语构思不影响其英语语篇的写作，写不好英语作文主要是因为自己的词汇量不足，没有充分认识到汉语和英语是两种不同的语言。汉语和英语有一些共性的东西，但更多的是差异。这些差异在两种语言的写作上更是突出。在句子结构上，英语重逻辑、重理性、重组织。英语的表现形式严格地受逻辑形式支配，句子组织严密，层次（主次）井然。因此，在句法上，英语的句子多是按"S（主语）+V（谓语）"或"S（主语）+V（谓语）+O（宾语）"配列的。与英语相比，汉语的句子形式很弱。汉语的句子结构本身是流散的。主谓宾没有形式标定，主谓之间关系松散，宾语无定格、无定位。主语的承接功能很弱。汉语的主体性思维方式强调主观感受和意念抒发，将理性功能和交流目的融于直觉，不注重逻辑形式，不执着于结构规范。

在语篇结构上，由于中西方价值观念的差异，英汉语篇模式也存在差异。英语语篇是线性思维方式主导下的线性模式。通常是从抽象到具体，从一般到个别，并偏重事件发生的先后顺序。另外，英语语篇对客观现象挖掘得较充分，并以此组织、设计段落情节。英语语篇的结构层次感和独立性较强，而且内容多围绕一条主线展开，即开头点题，先陈述段落的中心思想，然后分点说明，并为以后段落中增加其他意思做好准备，结尾则照应开头，概括全文。每一个段落又有一个中心议题（主题句，常置于句首，告诉读者这一段落要讨论的内容）。此外，英语语篇最重要的一环在于段落的展开必须根据主题句、主导思想和语篇内容等来确定最恰当的写作手法，如用对照法、举例法、因果法、列举法等。采用何种手段既要考虑该段落的目的和作用，又要考虑其扩展方式和选取的细节，还要考虑细节材料的排列方式和顺序，以便段落内各句之间彼此衔接连贯。与英语相比，汉语的语篇模式呈现的是螺旋性思维模式。其特点是汉语语段字斟句酌，较为严肃，而且常习惯通过多种对比方式来对中心思想做螺旋性的重复，倒叙、插叙较多。篇章结构上，汉语讲究总体布局，开头、主体、结尾要求统一考虑，使之互相联系，互相制约。汉语开头种类较多，没有主题句。主体部分层次的调配，不同体裁的文章，安排层次的方式不同。

二、英语写作教学法研究

为了解决英语写作教学中存在的问题，提高教学水平，大量学者研究提出了卓有成效的写作教学方法。

（一）成果教学法

成果教学法的重点在于写作的最终结果，先由教师分析范文，学生模仿范文写作，然后由教师批改，评述作文内容、结构、措辞、语法等。苏杭、杨磊指出，成果教学法是一种传统的教学法，它的理论基础是行为主义理论，教学过程就是教师给予刺激、学生作出反应的过程。此外，由于成果教学法要求学生在一定的时间内完成一篇作文，这样有利于提高学生的写作速度，可以锻炼学生在有限的时间内迅速拓展思路、组织材料、下笔成文的能力。传统的成果写作法注重写作的成果，强调成品文本的形式、结构等方面。这种方法应用在英语写作教学中便形成了学生单独写作、教师单独评阅的单向交流模式。

综上所述，成果教学法的优点在于可以进行充足的语言输入和足够的模仿与训练，帮助学生分析各种各样的文章，熟悉它们不同的写作特征，使学生对各种文章的内在结构有一个清晰的认识，减少日后在写作中遇到的困难。但成果教学法也有很多不足之处：首先，它过度强调语言知识和语法能力，忽略了社会情境；其次，成果教学法更重视语法结构而非语义和语言功能；最后，它过分强调写作的最终结果，忽视了写作过程中早期的构思和计划，而且在很大程度上是以教师为主的，学生显得比较被动。

（二）任务教学法

以教师为中心的课堂常常有固定的师生课堂应对形式，但这种形式会妨碍自然语言学习，因此，需要有以学生为中心的课堂应对形式来替代，基于任务的教学方法正好可以满足这一要求。任务教学法强调课堂教学活动始终围绕一定的教学任务展开，更加注重把学到的语言知识运用到写作活动中去。

任务教学法是一种强调"做中学"的语言教学法。其基本特征是以"任务"为核心去计划、组织教学，其直接目的是为学生提供自然的语言学习环境，培养学生应对真实生活中交际问题的能力。

关于任务教学法的实施，有以下几点原则：①提供有价值和真实的语言材料；②运用语言；③所选任务应能激发学生运用语言；④适当注意某些语言形式。根据这些原则，可将任务实施分为三个阶段：写前阶段、写作阶段和修改阶段。

写前阶段：教师须先拟定作文题目，收集与该作文题目主题相关的素材作为导入材料，如影片、广告、录音、新闻等，以此来激发学生的写作欲望；同时告知学生与主题相关的背景知识、专业词汇及规范表达，积极引导学生相互探讨主题的深层意义，协助学生解决探讨过程中遇到的困难。

写作阶段：首先由学生个人在规定的时间内独立完成给定的写作任务，进行实际的写作创作，然后让学生成对或以小组为单位就其作文进行再次讨论、计划，共同拟定作文初稿。

修改阶段：小组成员以口头形式向全班汇报自己所完成的学习任务成果。在此过程中，教师充当主持人的角色，保证任务流程的有序进行，并根据学生的汇报情况进行反馈。在反馈过程中，教师应先分析学生的汇报，并对作文主题、反映主题的例句和观点提出评价标准，根据这些标准来评价学生的作文，然后小组之间交换初稿，根据评价标准修改和改写初稿。教师须深入各小组，了解学生普遍出现的问题。最后，由教师针对学生普遍出现的问题进行补充讲解、练习，对语言形式进行复习和巩固。

任务教学法的主要优势在于让学生变被动学习为主动学习。这种教学方法对教师的能力要求比较高，需要教师精心设计任务，并结合学生的兴趣、特点组织教学材料，在引导学生探讨任务过程中要有较强的组织能力。同时教师需要适时启发学生思考，对学生完成任务过程中所出现的错误要有很强的洞察力并及时帮助学生解决。另外，任务教学法也要求学生积极配合教师，紧跟教师的步伐，充分发挥主观能动性、勤于思考，只有这样才能充分利用这种方法最大限度地提高学生的英语写作能力和语言综合运用能力。

（三）过程教学法

过程教学法始于 20 世纪 80 年代，它综合了语言学、心理学、社会学和认知学的研究成果。其理论基础为交际理论，该理论认为写作应是一个群体间进行交际的互动过程，而非写作者个体的单一行为。它以培养学生掌握交际技能为目的，要求教学目的交际化，强调在真实的社会情境中使用真实的语言进行交际活动。它是一种重视写作过程而非写作成果的教学法，有以下主要特点：

第一，改变了教师的角色。教师在课堂上的角色由主宰者变为同身份的写作者、批评性的读者、教练和编辑，其责任是努力使所有的写作活动成为一种协作性的学习过程，每个学生都能亲身参与到写作活动中去。教学模式不再是学生在课上被动地听教师讲解、课后独自写作，而是变被动地接受知识为主动地学习知识。

第二，强调写作的目的和意图。过程教学法认为写作是一种社会交际活动，学生并非为教师去写作，而是为了更好地与读者进行交际，读者不仅是教师，而且包括同伴。

第三，注重反馈和评改。反馈主要来自教师和同伴；评改以教师、同伴及写作者相结合的方式进行。

在过程教学法下，写作活动注重写作思想内容的挖掘和表达，注重学生作为写作主体的能动性。学生是教学主体，而非那种消极等待在得到刺激后作出反应的被动体，这种教学法给学生提供了更多有创新意义的活动。但是，由于教师在学生写作之前没有进行足够的指导，学生写作之前没有范文可参照，他们对一般常规写作模式没有清楚的概念。学生在写初稿时往往想到什么就写什么，结果在他们的初稿中会出现严重的组织结构方面的问题，达不到教学的理想效果。

三、英语写作教学的目标和原则

（一）英语写作教学的目标

社会的发展对非英语专业毕业生的英语水平提出了更高的要求。人才市场对人才的要求也因此不断提高，能否运用流利的英语与外界交往成为考查工作能力的必要指标。为了适应新形势的需要，《大学英语课程教学要求》对学生的书面表达能力作出了具体要求：

一般要求：能完成一般性写作任务，能描述个人经历、观感、情感和发生的事件等，能写常见的应用文，能在半小时内就一般性话题或提纲写出不少于120词的短文，内容基本完整，中心思想明确，用词恰当，语意连贯。能掌握基本的写作技能。

较高要求：能基本上就一般性的主题表达个人观点，能写所学专业论文的英文摘要，能写所学专业的英语小论文，能描述各种图表，能在半小时内写出不少于160词的短文，内容完整，观点明确，条理清楚，语句通顺。

更高要求：能用英语撰写所学专业的简短的报告和论文，能以书面形式比较自如地表达个人的观点，能在半小时内写出不少于200词的说明文或议论文，思想表达清楚，内容丰富，文章结构清晰，逻辑性强。

（二）英语写作教学的原则

1. 循序渐进原则

目前的英语教学中，学生被动地接受知识的时间比运用知识进行实际交流的时间多。说和写这两个涉及语言输出的主要环节都是教学的薄弱环节，学生很少有机会通过语言的使用提高语言能力。写作教学从中学到大学没有循序渐进的过程，跳跃性较大。教师应该为不同层次的写作教学确定不同的目标，每一阶段均应有所侧重，从低到高，由浅入深，由易到难，循序渐进，一环紧扣一环地进行训练。不同教师的具体教学实施阶段划分可以不尽相同，教学重点也要因材而异。但词汇、语法、语篇技巧，由易到难、由简单到复杂、由低级到高级的循序渐进的方法却是写作教学的一般规律。

2. 对比原则

第二语言习得不同于母语习得。一方面，第二语言习得没有母语习得时所具有的得天独厚的语言环境，不可能以自然的方式习得；另一方面，第二语言习得又是在母语水平达到相当程度的条件下进行的，第二语言习得不可能不受母语的影响。同为语言，母语与第二语言既有相同、相似之处，也有相异、相斥之时。通过比较它们的异同来学习，必然会收到事半功倍的效果。就写作而言，汉语（母语）写作是在汉语口语技能已经相当发达的基础上进行的，写作教学的主要任务是将口头语言笔头化、逻辑严密化、思维清晰化，使作品符合写作规范；英语（第二语言）写作却不同，写作者一般不具备完善的用英语进行解码和编码的能力，然而却具备了相当程度的汉语写作能力，如果不系统地在语言的各个层面上加以区别和比较，这种能力会自动、机械地迁移到英语写作过程中，从而产生中国式英语。学生在写作时所犯的错误，大部分是汉语负向迁移所致。

四、英语写作教学改革的新思路

在所有语言技能中，写作水平是最不容易提高的。只传授给学生写作知识远远不够，更重要的是要让他们在反复实践中将知识转化为能熟练应用的写作技能。英语写作是一门综合性很强的语言技能，要获得或切实提高这一技能就必须在平时的教学中有计划地进行系统性训练。

（一）加强实用英语写作的教学

根据英语新教学大纲的要求、学生的迫切需求以及社会对人才的要求，加强实用英语写作技能这一行动势在必行。学生对议论文、说明文、记叙文的写作模式比较熟悉，而对那些申请表、个人简历、求职信、通知、祝贺卡等日常生活中必备的交际文本却无所适从。这一缺陷严重影响了学生的日常交流，对学生日后走上工作岗位，或进一步在国内外进行深造造成了障碍。

（二）听、说、读、写、译相结合

1.以听导写

听力既是一个理解、记忆的过程，也是一个语言输入的过程。学生可通过原有的语言知识、文化背景知识加深对听力材料的正确理解。听力材料的篇章结构、模式、语言风格以及一些恰当的语言表达为写作提供了必要的输入。教师可在课堂上利用几分钟的时间，找一些短小有趣、难易程度相当的幽默故事、科普短文或课文缩写，对学生进行听写训练。这些短文中所用的都是学生学过的一些常用词及语法，由简到难，循序渐进地加大难度。教师要鼓励学生尽量将在听力训练中学到的单词、句型、地道的表达法用于日常的写作中。这将大大地增加他们的写作素材、表达方式，让他们在写作时更加得心应手。

2. 以说带写

说在整个写作过程中起着十分重要的作用。因此，在写作之前围绕作文题组织讨论十分必要。学生可以围绕作文主题分组讨论，深入挖掘写作内容，相互启发，拓展思路，集思广益。以说带写的模式能使学生写作思路更为清晰、写作内容更为丰富、写作语言更为地道、写作兴趣更为浓厚。

3. 以读促写

大量阅读是语言输入的重要途径之一。俗话说"巧妇难为无米之炊"，假如没有语言输入，那么语言的输出就会成为无源之水、无本之木。阅读是理解他人的思想、了解外部的途径，而写作则是表达自己的思想的途径。写作能力的高低很大程度上取决于阅读理解能力。反之，写作能力的提高也有助于阅读理解能力的提高，二者相辅相成。大量的研究表明，阅读能力较强的学生的写作能力要比阅读能力较弱的学生在措辞、句子结构、谋篇布局和语言风格等方面都略胜一筹。因此，在阅读课上，要特别注重引导学生分析作者的写作意图、写作思路，掌握文章的整体内容；还要鼓励学生大量阅读英语原文，从中吸取营养，活学活用。这样既能提高学生的阅读能力，又能增加语言输入，培养语感，使学生写出的文章有血有肉、丰富多彩。

针对学生写作思路混乱、抓不住中心、下笔离题、掌握不好段落及篇章的写作技巧等问题，教师在阅读课上要尤其注重培养学生掌握语篇的分析能力。培养学生语篇分析能力就是培养学生认识、分析段落以及由这些段落连接起来组成的表达完整思想的文章，使他们在阅读全文后能理解文章的中心思想，了解作者的写作意图、观点和态度，从而带动、提高他们的写作能力。

4. 以译助写

实践证明，写作能力与翻译能力密切相关。由于对地道的英语表达掌握得不够或不好，学生的英语作文中往往出现中国式英语，这是教师改作文时最感头疼的问题。为了解决这个问题，教师可以布置一定的汉译英练习，从而就两种语言在选词、句法结构、表达习惯等方面进行对比分析,使学生熟悉英语表达习惯,减少汉语思维的干扰。日积月累的翻译训练一定会对学生写作能力的提高起到直接的促进作用。

(三)让学生意识到写作具有的交际功能

在写作者心中应有潜在的读者对象,而不是单纯地为写作而写作。语言学认为,语言是一种特殊的符号系统。人类的交际活动和思维反应不是通过表现,而是通过语篇来实现的。当然,写作者是以字、词等基本单元进行写作,但孤立的词并不能实现和反映任何一种社会文化意义。要实现社会意义,就要求写作者选择词语、衔接句子、安排新信息、考虑语境,使其要传递的信息是连续的、完整的和不可分割的,以达到语言交际功能的目的。语言交际功能至少包括三种,学生写作的过程就是运用语言来完成这三种功能的过程。

第一,要表达自己的思想。每个陈述句都含有已知信息和新信息,组织话语,要尽量使听话人对每个已知信息有一个并且只有一个先行信息。如果违反这一原理,会产生两种结果:句子意义不清或句子累赘。有的句子可能很少或没有真正新的信息,只在重复已经说过的话,这就是"废话";有的句子已知信息不足、句子跟句子不连贯,这就使读者对内容感到莫名其妙。在学生写作中,我们常见到这种情况:信息传达目的相同时,每个人传达的信息量及表达方式均不相同。有的给出最少的信息量,而能达到最佳效果;有的虽写得清楚,符合语法,但读来令人乏味,因为句式呆板,信息量重复居多。

第二,要具有可读性。书面交际的很多明显特征是写作者与读者进行的交流,即书面交际,那么书面语言就应具备严密性、简洁性和规范性。但是,学生仅仅掌握了语法知识,写出来的东西完全符合语法是远远不够的,因为写作不是语法练习,语法正确的句子堆在一起不是文章。写作者要明确自己的读者,因此,掌握文体知识有时候就显得比掌握语法知识更为重要,尤其是将来当他的交流对象是英语母语使用者时。

第三,要具有连贯性。语篇的一个基本特征就是连贯。要使语篇连贯,从宏观结构考虑,有三种策略:一是信息结构,在已知信息上增加新信息。在作文中重复或参照前面说过的东西,以达到思维活动的统一。二是主题辅助句结构。段落有主题句,该段其他描写事务或细节的句子都要辅助主题句,起到解释、说明主题句的作用。三是事件顺序结构,将一件件事情按顺序有条不紊地表达出来。

第四节 英语口语课程设计

英语口语教学是英语教学中最重要，也是最困难的一个环节。随着社会的发展，学生利用口语进行交际的能力显得愈加重要。然而，对学生来说，提高英语口语表达能力却存在诸多困难。很多学生有较强的阅读能力、较大的词汇量，但口语表达能力却很弱。社会、经济和科学的发展要求我国高等教育培养大批适应国际交流需要的各类人才，他们必须具有较强的英语听说能力，所以完善和加强英语口语课程建设迫在眉睫。本节就英语口语教学目标、英语口语教学理论、英语口语教学模式和评估方法、英语口语课程建设中要注意的问题进行探讨。

一、英语口语教学目标

口语是利用语言表达思想、进行口头交际的能力。《大学英语课程教学要求》写道：英语的教学目标是培养学生的英语综合能力，特别是听说能力，并将英语口语教学目标分为三个层次，即一般要求、较高要求和更高要求。三个层次对口语表达能力提出了不同要求：

一般要求：能在学习过程中用英语交流，并能就某一主题进行讨论，能就日常话题用英语进行交谈，能经准备后就所熟悉的话题作简短发言，表达比较清楚，语音、语调基本正确，能在交谈中使用基本的会话策略。

较高要求：能用英语就一般性话题进行比较流利的会话，能基本表达个人意见、情感、观点等，能基本陈述事实、理由和描述事件，表达清楚，语音、语调基本正确。

更高要求：能较为流利、准确地就一般或专业性话题进行对话或讨论，能用简练的语句概括内容较长、有一定语言难度的文本或讲话，能在国际会议和专业交流中宣读论文并参加讨论。

《大学英语课程教学要求》关于口语能力的三个要求对学生口语能力作了详尽的描述，为英语口语课程设置、教材编写、课堂教学和口语评估提供了参考。各高校应该根据学生的实际需求重新进行目标设定，也可根据学生的不同英语水平设定不同的目标层次。

二、英语口语教学理论

英语口语教学实践离不开理论的指导。在语言习得和外语教学领域，有诸多关于语言教学的理论，跟英语口语教学息息相关的理论有输入输出假说、交际法口语教学理论和任务型口语教学理论。

（一）输入输出假说

不管采用什么样的教学模式，英语口语教学都离不开输入和输出两个环节。输入分为视听输入和阅读输入。斯蒂芬·克拉申的输入假说指出，人们习得一种语言，必须通过理解信息或接受可理解的语言输入。学习者的习得按照自然习得顺序，通过理解在下个阶段将要习得的结构来进行。输入的语言难度要略高于学习者的现有能力。克拉申的输入假说包含了四个要素：①输入数量。语言习得必须为学习者提供足够数量的语言输入。②输入质量。语言输入必须是可理解的，语言输入材料的难度应稍高于学习者目前已掌握的语言知识。③输入方式。语言材料主要是在语言环境中自然接收的，注重语言意义的粗略调整输入。④输入条件。学习者必须在情感焦虑低、情感屏障弱的情况下才能更好地接受输入。

斯温纳则提出了可理解输出假说。斯温纳的可理解输出假说是在他经过教学研究之后发现了克拉申输入假说的不足而提出来的。他认为，对于大部分学习英语的学习者来说，只是单纯地依靠可理解性输入是完全不够的。英语口语就是对英语语言的一种输出，在教学活动中只有将阅读与口语紧密结合起来，口语水平才会随着阅读量的提高而提高。如果没有"读"的输入基础，"说"的输出也将失去根基。如果没有"说"将"读"的知识输出出去，那么"读"的意义也将不复存在。只有将阅读的输入与口语的输出结合起来才能达到学习者提高英语口语能力的目的。所以将阅读与口语结合起来教学是很有必要的。

（二）交际法口语教学理论

交际法口语教学理论的核心是交际能力。海姆斯提出了交际能力（communicative

competence）的概念。他认为，交际能力应包括形成语法正确的句子的能力和在适当的场合使用这些句子的能力。莱尔·F.巴克曼提出了交际语言能力模型，这一模型被国际语言测试界广泛接受。交际语言能力由语言能力和策略能力构成。语言能力指的是交际过程中使用的某种具体的知识成分的能力，由组织能力和语用能力组成，更侧重的是知识方面的能力；策略能力是指为实现某个交际目的而选择最有效的方法的能力。

（三）任务型口语教学理论

所谓"任务型口语教学"，就是以具体的任务为学习口语的动力或动机，以完成任务的过程为学习的过程，以展示任务成果的方式来体现教学成就的教学活动。任务型口语教学强调学生在解决问题的过程中使用语言，强调通过交流来学会交际；关注任务的完成，也关注学习的过程，重视学生在执行任务过程中的能力和策略的培养，以及学生在执行任务过程中参与交际活动。任务型口语教学的目标不再是机械的语言训练，而是实际的语言运用能力的培养，学生必须理解其所学语言才能完成任务。当学生尝试进行交际时，他们必须考虑语言运用的得体性。当然，任务型口语教学要求接受口语教学的学生具备一定的语言知识。如果对目的语一无所知，也就谈不上运用语言完成任务。

三、英语口语教学模式与评估方法

有人从现代市场经济的角度来认识课程，将学校比作市场，把学生视为消费者，把教师当作厂商，课程是商品，教学方法和手段是营销。在市场上，商品是否老化、是否符合消费者的需求，厂商的营销手段是否富有创意、是否表现出商品的吸引力或优越性，是成功地占领市场份额的关键因素。从市场营销的角度来看，学生是消费者，要重视他们对课程商品的购买欲、购买力和购买行动。按照广告促销的原则，教师提供的课程商品，要能使学生产生购买的愿望。英语口语课程如何使学生产生口语学习的兴趣、欲望以及采取行动是口语教师应该深思的问题。

（一）英语口语教学模式

俗话说，教无定法。英语口语课程多是中班教学，学生水平参差不齐，不同口语教师会使用不同的教学模式。但大体说来，口语课堂可以遵循以下的模式：

1.从控制练习过渡到自由会话的模式

会话必须是思想、信息、感情的有意义的口头交流。会话绝不是单音、词汇、短语、句子的一种组合游戏或简单的重复，正如句型训练并不是会话一样。在口语课上，一种活动是教师主宰一切，学生从课本或录音中汲取语言知识，并在教师的指导下重复这些语言知识或进行训练；另一种活动则是由学生利用自己已掌握的语言表达思想，在教室里和同学自由地进行会话。从前者过渡到后者，从初学者开始就可实行。无论训练怎样简单的口语项目，最终都可以，也应该和"交际"联系在一起。在口语教学中，一些教师往往偏重机械性训练，忽略给学生创造自由会话的机会，这不利于学生自由会话能力的培养。对于初级口语学习者，教师可多一些控制性练习，少一些自由会话；对于中高级口语学习者，教师则可以减少机械性训练的时间，多设计自由会话的活动。不管使用什么样的教学方法，英语口语教学应该遵循从控制练习过渡到自由会话的模式。

2.投入—运用—学习的模式

口语活动非常典型地遵循了同样的模式：投入（Engage）—运用（Activate）—学习（Study），即教师使学生对一个话题产生兴趣，然后让学生完成任务，教师通过观察发现学生在完成任务中存在的问题，最后让学生学习教师认为有问题的地方。在口语课堂上，应该有明确的任务，原因在于：①口语任务给学生提供练习的机会，使学生得到用英语进行交际的真实感受；②口语任务给学生和教师提供了信息反馈；③口语任务的趣味性有助于激发学生的投入感，消除焦虑感。不管是口语教学内容还是口语教学活动，都应注意多样性和趣味性，每一次口语课应该有新的话题，或同一话题的不同角度，口语活动模式（如会话、分组讨论、讲故事、角色扮演、看图说话、问答等）应交替使用。分组应尽量变换成员，目的是让学生适应与不同的人交流，也有助于增加新鲜感。

（二）英语口语评估方式

英语口语课程建设离不开口语测试的改革和完善，但口语测试过程中也存在目标不明确、标准模糊以及评分主观等问题。英语口语评估应采用形成性评估和终结性评估相结合的方式。下面将对形成性评估和终结性评估分别进行讨论。

1.形成性评估

形成性评估是教学过程中进行的过程性和发展性评估，即根据教学目标，采用多种评估手段和形式，跟踪教学过程，反馈教学信息，促进学生全面发展。形成性评估强调学习的过程，旨在保证教学目标更好实现。除了评价技能、知识等要素外，这种方式更适合评价态度、兴趣、策略、合作精神等不可量化的因素，评估结果多为等级加评语的形式。形成性评估通常在友好、非正式、开放、宽松的环境中进行，是一种低焦虑的评估模式。形成性评估包括学生自我评估、学生相互间的评估、教师对学生的评估、教务部门对学生的评估等。可以采用课堂活动和课外活动的记录、网上自学记录、学习档案记录、访谈和座谈等形式对学生的学习过程进行观察、评估和监督，促进学生有效地学习。

2.终结性评估

终结性评估是在一个教学阶段结束时进行的总结性评估。终结性评估主要指英语期末口语测试，期末口语测试可采用交际法口语测试。在交际法口语测试模式下设计的测试任务应该具有目的性、趣味性和启发性，对口语教学有积极的反拨作用。交际法口语测试以互动性为重要特征，输出在某种程度上应具有不可预测性，信息加工过程应该在真实的环境中进行。交际法口语测试具有以下特点：

（1）强调测试任务的真实性和交际性

交际性是指考查学生完成某个交际任务的能力，而非某个语言技能和语言知识的掌握情况。从交际法的角度来看，所谓掌握一门语言是指在一定的语境中能够使用所学的语言进行有效的交际，交流思想感情，达到相互沟通的目的。

从语言作为交际工具的角度来看，仅仅掌握语言形式是不能够进行有效的交际的，因为语言交际过程涉及交际的目的、语境、彼此的角色地位等；同样的语言形式，由不同的人在不同的场合以不同的方式讲出来，其含义可能完全不同。因此，语言交际过程实际上是一种解释过程（interpretation），是交际双方的协同过程（negotiation）。既然如此，语言测试就必须在真实的（authentic）语境中采用真实材料来进行，观察学生在真实语境中运用语言达到交际目的的能力，并以此来判断学生的语言水平。口语测试的目的是测试口头交际能力，测试任务的交际性可以保证测试效度。

（2）强调测试任务的交互性和情景性

口头交际具有交互性，交流双方既是信息的接收者又是语言的产出者。口语测试过程中突出交互性，即考生和考官之间，或考生和考生之间要围绕某个话题进行多个回合的交流，双方不停地变换听说角色，尽量根据对方需求提供信息，达到交流的目的。情景性是指将口试试题置于一个真实的情景中，明确规定考生所要扮演的角色和交际对方的角色，考生按照要求作出与自己身份相符的反应，由此考查考生的语言得体性。正是测试任务的交互性和情景性，保证了其交际性和真实性。

（3）注重需求分析

交际法口语测试结果可靠，其内容效度也较高。如果要测试出考生在真实情景中运用语言的能力，测试就应该尽可能真实地反映真实情景。这就意味着测试任务的抽样应该具有代表性。所以，交际法口语测试中最重要的一点就是要对考生的需求进行准确的描述，即调查他们在真实生活中需要使用口语的种种情况，并在测试任务中出现。交际法口语测试的设计通常是建立在对考生需求分析的基础上的，以保证测试任务及测试本身具有较高的真实性。因此，交际法口语测试往往反映某个国家和地区的文化特点，如英国剑桥在我国推行的商务英语证书考试就是一个典型的交际法测试，其中很多内容就与中国相关。

（4）评分采用定性而非定量

在交际法口语测试中，评分必然带有一定的主观性。真实情景中并没有客观的正确或错误的答案，交际法口语测试在评估考生口语技能时，多采用定性的方法。如把口头表达能力分为几个等级，每个等级都要达到什么样的要求，这些详细的描述对保证评分的客观公正大有好处。用综合性评分来描述交际法口语测试评分，即评估语言的准确性、得体性和流利性三者达到的总体有效交际程度，按照考生完成任务的综合效果来评定成绩。

四、英语口语课程建设中要注意的问题

当前我国的英语口语教学实践存在以下问题：第一，英语口语进行中班教学，很难保证每个学生都有开口练习的机会，学生缺乏口语交际情境。第二，许多口语教材不能满足学生对提高口语的要求。第三，学生自身口语能力欠缺，许多口语活动很难顺利开展。第四，教师能力问题。口语教学要求教师具有较高的口语能力和口语教学能力。许多教师没有口语实践的机会，导致口语教学书面化。要解决这些问题，需要找到有效的口语教学模式，需要编写出符合学生口语发展规律的教材，需要培养学生的自我效能感，也有必要加强英语口语师资队伍建设。

（一）英语口语课程设置和教材问题

为了实现英语口语教学的目标，需要考虑如何设置英语口语课程。在基础口语阶段，可开设"英语交际口语"作为必修课；在拓展口语阶段，可开设选修课程，如"英语视听说""英语语音技能训练""英语歌曲欣赏与实践""中级英语口语""英语电影视听说""高级口语""外事口译""英语演讲与辩论""专业口语"等。由于课时数量有限，英语口语需要以选修课的形式让学生根据自己的实际需要自由选择。设置不同难度的课程，可以照顾到不同口语水平的学生。同时，各个学校可以根据实际情况开设不同程度和类型的口语课程。课程设置应该有利于学生口语能力的全面提高。

口语教材是口语课程建设的重要组成部分，选择和使用合适的教材是完成教学内容和实现教学目标的重要前提条件。固定的教材可以给学生提供一定的素材，便于积累，也便于教师教学。口语教学中使用固定的教材，可以保证教学的系统和完整，但如果选用的教材过于偏重机械性训练，一味让学生跟读、背诵，教师上课只是照本宣科，则难免枯燥乏味。

那么，怎样评价口语教材是否合适呢？有系统的教材评价分为内部评价和外部评价。教材的内部评价包括以下几个方面：①评价教材的教学指导思想。这里的教学思想包括对语言的认识，对语言学习的认识及对语言教学的认识。②评价教材采用的教学方法。俗话说，教无定法。英语教学方法没有绝对正确的和错误的。当前普遍强调以学生为主体的教学方法，强调培养交际能力的教学方法，强调任务式学习的教学方法。③评价教材内容的选择和安排教学内容的最根本依据应该是教材使用对象的需要。④评价教材的组成部分。现代的英语教材是由学生用书、教师用书、多媒体光盘等组成的立体教材。⑤评价教材的设计，包括教材的媒介形式、篇幅长短、版面安排、开本大小、图文形式和色彩等。评价教材中语言素材的真实性和地道性。教材涉及的语言现象应该是真实、地道的。教材的外部评价则包括：①教材是否符合学生的学习需要；②教材是否符合教师的教学需要；③教材是否符合课程标准的要求。

（二）英语口语教学中的教师角色问题

口语教学的关键在于教师。与其他课程不同，在英语口语教学课上，教师的主要作用在于引导学生和设计活动。因此，教师不再是课堂的主人，而是指导者和参与者。随着多媒体教学的盛行，多媒体和网络技术环境下的口语教师角色定位如下：

1. 组织设计者

充分利用多媒体和网络，通过课堂活动的有效设计把学生纳入口语教学活动中。

2. 评论诊断者

教师了解并研究学生的个人差异，敏感地捕捉学生在各个阶段所碰到的困难和问题，作出及时的评论和诊断，进而设计新的教学手段予以解决。

3. 中介者

一是语言技能和学生之间的中介；二是学生之间的中介。

4. 控制者

监控和管理学生活动，纠正学生学习中的偏差。

口语教师要胜任以上角色，需要提高自己的口语能力和口语教学能力。教师本身的口语能力包括课堂口语能力和口语实际交际能力。口语教学能力涉及教师对各种口语教学理论和方法的熟悉，对不同教学方法的适应性和有效性的了解，以及在课堂上灵活使用不同口语教学方法的能力。总之，口语教师首先应有良好的口语表达能力，其次应有良好的课堂组织能力，还应在课堂上有激情和耐心，以激发学生开口的欲望。在具体的操作中，每位教师都应发挥自己所长，结合课本与学生的实际情况，设计出有益于加强学生口语能力的课堂教学活动。教师应该明确一堂课的训练任务，选择合适的口语活动，讲解练习的要点，确保学生积极参加活动并有足够的练习机会。口语教学过程中不要急于纠正错误，以保证口语活动的成功进行。因此，教师最重要的任务是帮助、鼓励学生开展口语活动，用各种方法增加学生口语练习的机会。

（三）英语口语教学中真实语境的创设问题

语言使用的目的是在各种不同的语言中传递信息，所以必须在有意义的语言环境中进行语言教学，为学生提供足够的在语境中学习语言的机会，以及利用他们的知识来应对各种真实语言使用情景的机会。当今大多数学者赞成学生必须最终学会在真实的交际情景中使用所学的语言形式，而要最好地实现这个目标，就应该把语言形式放在交际语境中去呈现和练习，这就是语言学习的语境化。

第一，口头交际离不开特定的语境。语言学家认为，不管从语言因素还是非语言因素角度考虑，语境都是理解语言不可缺少的部分。既然言语交际如此依赖语境，那么就有必要在语境中进行口语教学。教师在口语教学实践中，可以建构具体的、各具特色的口语语境。

第二，建构综合语言技能培养的口语语境。口语教学是以听、读、写技能为基础，以口语为主的教学活动，因此，口语教学应同时能发展学生的听、读、写的技能。

第三，建构任务型小组合作学习的口语语境。这种语境有利于培养学生的协作精神。

第四，建构自由学习的口语语境。自由宽松的语境有利于学生练习口语。

第五，建构网络辅助下的口语学习语境。可以利用校园局域网进行英语口语教学。

第六，加强课外口语学习语境的创新。

此外，现代技术手段为教师和学生提供了信息充分的、高质量的、高效率的语言教学环境，多媒体口语实训室提供了现代的多媒体教学平台，多种现代的声像设备综合应用扩大了语言输入量，丰富了语言输入的内容，极大地激发了学生的兴趣，并能长久地保持学生的注意力。教师可充分发挥多媒体现代教学手段的绝对优势，利用多媒体播放器，在课堂上播放相关的英语口语音像资料，如《走遍美国》《空中英语课堂》《社交英语》等和电影剪辑、录像，或播放英文歌曲。这些音像资料不仅呈现了真实的交际场景，提供地道的英语语言输入，而且在交际中语言与非语言的因素如发音、语调、面部表情、肢体语言等都可一览无遗，这要比书本或听力材料更有趣，印象更深刻。

（四）口语教学中思维能力的培养问题

不管使用何种课堂教学模式，都应该重视学生思维能力的培养。语言和思维是紧密联系的，从某种程度上说，思维决定语言，而语言又会影响思维的表达。目前，学生的口语表达能力低于其思维能力，口语课的一大任务就是培养学生用英语进行思考的能力。文秋芳就这个问题提出了以下几点建议：

第一，设计的口语活动一定要对学生的思维水平具有挑战性，既有训练语言技能的要求，也有培养思维能力的要求，应该让学生表达对某些有争议性的问题的看法，最好让他们从全新的角度进行考虑，以拓宽其思路。

第二，设计培养归纳和抽象能力的活动。

第三，设计培养辩证逻辑思维的活动能力。

第四，设计出培养创造性思维能力的活动。

英语口语课程建设除了关注教学目标、教学理论、教学模式、评估方式外，英语口语教材和师资队伍建设也不容忽视。好的口语教材为教师课堂教学和学生课外学习提供参考，能够培养学生的口头交际能力。教师是英语口语课程建设能否成功的关键所在，在口语教学大纲设计、口语教材的选择和灵活使用、口语课堂活动的组织和实施、口语评估等方面起着十分关键的作用。

第四章 英语个性化教学策略研究

第一节 个性化教学理论基础

在英语教学中,"个性化教学"就是教师必须充分尊重并且发挥学生的学习积极性,重视学生个性发展,并通过教学引导学生明白自我求知的重要性,达到个人全面发展的目的,同时培养学生主动获取信息并独立思考的能力,促进知识、能力和人格的协调发展。

英语教学的主要作用是开阔学生的视野,让他们学会用英语进行信息沟通,并且提高学生多方面的交际能力。每个学生的知识结构和兴趣爱好,甚至对新知识的获取能力等方面都不同,因此在教学的过程中不能"一刀切",应该坚持个性化教学,以学生的个性发展作为前提,努力培养学生学习英语的积极性,让学生主动思考,进而逐步达到教学的最终目的。

英语个性化教学要求教师遵守个性化教学的相关理论,尽可能地尊重每一个学生的个人价值,最大限度地挖掘其潜力。这种教学方式不仅能提高学生的学习效率和接受新知识的速度,挖掘学生的发展潜力,还可以培养学生的独立思考能力和创新能力,从而提高其综合素质。

一、多元智力理论

运用多元智力理论来考查学生,可以发现每个学生的学习类型和智力类型不同,所表现出的特性也迥然不同。英语教学要适应学生的独特性和多样性,必须在英语教学设计上突出个性化和多元化,创造出适合每个学生发展的英语教学活动。传统教学理论主要从教师如何"教"这一角度来探讨教学,往往忽视了学生学习的心理、学习的规律以及学生的个别差异等,在这种教学思想影响下形成的教学模式是一种"教的模式"。这种教学模式把目标定位在引导学生掌握知识上,向学生灌输知识。现代教学理论把学生看成是能动的主体,在教学目标的定位上趋向于全面性——既重视现代生活、工作中所必需的基本知识和基本技能的传授,也重视学生自我发展能力的培养;既培养其高尚的人格,又塑造其强健的体魄;既全面提高其素质,又努力发展其个性。

多元智力理论为开展个性化教学提供了思路。在教学实践中尝试进行英语个性化教学尤为必要,它为不同学生的个性和能力的发展创造了条件,使得课堂上的每一个学生都能获得适当的发展。

首先,教师要考虑授课的综合性,应创造个性化的环境,为学生提供个性化的教学内容,以适应学生已有的认知结构,发展学生的多种智力,以满足不同学生的需要。

其次,教师要鼓励学生采用多种学习方法。学生处于创新能力的高峰期,对知识的理解多种多样,教师要针对不同的学生采用不同的教学方法,要鼓励学生根据不同的智力类型变换学习方法。

最后,多元智力理论倡导个性化的评价观。个性化评价包括标准参考评价、真实性评价等。真实性评价的方法主要有成就评价法和档案袋评价法两种。成就评价法是通过学生的实际表现或作品来进行评价的一种方法,鼓励学生自由探索解决问题的新方案,它的内涵不同于标准化考试。档案袋评价法是指把学生的观察记录、成果展示、录音、录像、图表、图片、个别化谈话记录、日历表现记录等都放进档案袋,整合学生一学年的情况,鉴别学生的弱项和强项,记录学生成长的轨迹和进步方式。

二、学习者需求理论

学习者需求理论也是英语个性化教学的根本出发点和成功的关键。近年来,关于英语教学的研究表明,学生英语学习需求总体上表现出多样性和个性化的倾向,文史科和理工科的学生在英语学习需求的某些方面差异显著。当前,英语教学未能充分体现和切实满足学生的个性化学习需求,直接导致多数学生学习动机缺乏和学习兴趣丧失。

因此,教师要根据学生的基础和接受能力来开展个性化教学。在教学中,要摒弃传统的以教师为中心的"灌输式"教学方式,而应采用以学生为中心的教学方式。首先,在教学目标的确定上，要考虑不同需求的学生的差异性。其次，在教学内容的规划安排上，要选择符合不同学生接受能力和需求层次的教学素材，以激发学生的学习内驱力。再次，在教学方法上，可以运用引导式、参与式、启发式、讨论式等方法，开展多样化、个性化的教学活动，营造符合特定需求层次的课堂氛围及环境，从而激发学生的学习兴趣。具体说来，教师应引导学生用其所学的英语知识和技能对专业知识进行自我表达，使学生成为课堂教学的积极参与者。最后，在教学评价上，要结合不同学生的学习需求来制定合理的评价机制，不能以一种标准来衡量所有学习活动的成效。

第二节 个性化教学系统分析与设计

一、英语个性化教学的目标

教学具有目的性。通常教学目标是指教学活动主体事先确定的，在具体的教学活动中所要达到的教学结果和标准。它既是教师教的目标，也是学生学的目标，是教育目的、培养目标、课程目标的进一步具体化。在英语教学中，主要的目的就是能够提升学生英语综合应用能力，使之在未来的学习和工作当中能够更好地利用英语进行交流，并且让学生提升自主学习水平以及综合素质，从而适应当前社会和国内外环境的变化。

中国社会的发展对英语的需求，尤其是不同职业对英语能力的需求和不同专业学生对英语的不同需求决定了英语教学在教学目标、教学内容、教学方法及评估方法上需要进行个性化教学的探索和实践。信息技术的迅速发展为个性化教学提供了物质条件。因此，英语个性化教学既是英语教学的必然发展方向，也是时代发展的要求。个性化在英语教学目标体系中是以差异性和多元化为主要特征的，体现了分级和分类培养目标的设计。其一是差异化分级教学目标。主要考虑不同层次学生的学习要求，为其设立的学习目标都应该在他们的"最近发展区"内，不能脱离其本身的认知水平和规律，拔苗助长。其二是多元化的分类教学目标。不同层次的学生有不同的学习目标，相同层次的学生有不同的学习需求，要用清晰的语言描述不同的目标要求，分别为他们设定不同的阶段目标。另外，就同一知识点而言，对学习层次较高的学生，其教学目标可以多强调知识的综合应用和分析能力的培养；对学习层次较低的学生，其教学目标可以多强调认知和理解水平的提升。

（一）体现差异性的分级英语教学目标

英语教学的目标是为适应我国社会发展和国际交流的需要而确定的。同时，我国地域广阔，不同地区、不同高校之间存在着较大的差异，为此在英语教学中应当注重分类指导、因材施教，个性化教学。

不同区域经济社会发展水平不同，各个高校的教育资源和要求不同，不同专业对英语所提出来的标准不同，并且不同的班级以及年级学生所具有的能力也不同，因而必须在英语教学目标要求上体现差异性。

根据学生现有的英语水平，设计和实施不同层次的教学活动，设定差异性的分级教学目标并开展分级教学，有利于促进学习水平和学习能力不同的学生的学习潜能得到充分发挥，有助于教学目标、教学内容与学生的实际需求和水平相一致，有助于进行合理、科学的教学组织和安排，有利于因材施教的教学策略的实现，有利于不同层次的学生的个性化发展。

设定差异化教学目标的具体做法是：

首先，要了解学生的学习成绩，如通过高考英语成绩，或学校英语能力测试，或调查研究，确定学生的实际学习情况和诉求。根据学生的英语考试成绩、英语语言应用能力和英语学习动机强度的差异，把学生分成若干等级。

其次，要分别制定出针对不同等级学生的教学目标和计划，通过调查研究，进一步了解各等级学生的学习目标、风格、策略等方面的情况，并以此为参考，确定适合的教学方案。教学方案中既要有宏观目标，如各等级总体发展目标，也要有微观目标，如具体到每一个班级在一个学期、一个单元，甚至一节课的教学目标，满足各等级学生的学习需要，考虑学生的实际需求与课程目标需求的差异，使每个学生都能据此明确学习方向，尽其所能取得更大进步，把个性化教学目标真正落到实处。

教学活动的起始点和落脚点都应当集中在教学目标上，教学目标对各项教学活动起着指导和推动作用。不同学生在学习潜能、学习动机、个性和认知风格等方面普遍存在差异。因此，教师应在课前设定教学目标时充分考虑这些个体差异，准确把握教学要求，尽量满足不同学生的个性需求，制定出适合各层教学的、多元的、有差异的、具体可行的目标。同时，教学目标的确定不能拘泥于课程需求，一成不变地使用教材和大纲，而应结合学生的实际情况，对教材和大纲进行有意识的修改、调整、增减和扬弃。应根据差异化教学目标，设计多元化的教学方案，要始终把学生的需求放在首位，以学生为中心，把学生当作课堂的主角，把学生的学习策略、学习能力和学习效果当作重点，运用各种教学形式、教学媒介、教学方法和教学行为，尊重学生的智力特点，为学生创设真实的学习和交际情境，适应和满足不同学生的个性需要，使不同的学生都能在差异化的教学目标和教学设计中，体验到学习的乐趣，提升学习动机，使学生的个性特征得到最大限度的释放。

制定分级教学目标或差异性发展目标就是强调和尊重这些差异性。同时，明确的分级教学目标可以激发各类学生的学习兴趣和动机，促进各个分层目标的实现。当前，很多学校实施的是分层或分级英语教学，这符合个性化英语教学目标的要求，通过区分不同的教学目标，实施有目的的英语教学活动，促进英语基本目标的实现。

（二）体现多元化的分类英语教学目标

认知目标分类修订的二维框架为构筑英语多元化的分类教学目标提供了理论依据。根据分类理论，二维框架是以教学内容为纵轴，以学生的学习水平为横轴构筑的。

纵轴是学习内容的分解，即"知识维度"，包括从具体到抽象的四种知识——事实知识、概念知识、程序知识和元认知知识。也就是说，任何学习都可以是其中的一种知识学习。横轴是指学生的学习水平，即"认知过程维度"，包括从低级到高级的六个认知过程：记忆、理解、应用、分析、评价和创造。知识维度和认知过程维度所构成的二维框架为我们依据分类教学目标指导教学实践提供了广阔空间，也为落实课程目标提供了便利。

英语教学要培养学生的英语综合应用能力，以适应我国社会发展和国际交流的需要。在制定教学目标之前，学生的个体差异是教师需要考虑的重要因素。教师需要综合采用观察、成绩查阅、问卷调查等方法，实现个体学生差异的评估、研究和分析，进而掌握学生学习之前的状态准备情况，从而从不同的需求角度和不同的学生特征方面进行考虑，依据学生不同的特点和学习习惯，制定出多元化的教学目标，多层次地分类指导教学。

二、英语个性化教学的内容

（一）设置多元化的英语课程

英语个性化教学内容的设计，主要体现在普通英语教学与专业英语教学相结合的课程融合上，个性化选修课数量和种类在课程类别总量中增加，英语教学中专门用途英语内容的增加，为未来学生学习专业英语甚至学习双语奠定了良好的基础。

英语课程设置的多元化，首先不排斥传统英语教学目标和学生需求，对以传统英语阅读为核心的英语课程可以保留，以满足学生考级和考研的需求。同时，增加以英语听、说为核心的课程比重，以应对中外交流频繁背景下对英语学习者听、说能力要求不断提高的社会需求的变化。另外，有选择地设立专门用途英语课程，把英语与学生的专业相结合，有利于实现学生英语综合应用水平的提升，尤其是听、说能力的全面提高，进而帮助学生在未来的学习、生活和工作中可以更好地利用英语开展交流。

不同的学习需求指向不同的教学目标，决定了不同的课程设置和教学内容。

以专门用途英语课程教学内容为例，要通过需求分析方法，向用人单位和企业了解岗位所需的英语知识、素质和能力，同时了解学生英语学习的个性化需求，找到社会需求和学生个性化需求之间的差异，以便确定课程的具体内容，设计课程活动，实施个性化教学。

教师在个性化教学内容设置上，应当针对各专业的特点，对不同专业学生的英语需求进行分析，从而开展多样的教学活动。要按照英语教学目标、学生个性化特点，在英语课程设计当中有意识地融入跨学科的内容。同时还要能够对学生未来的专业发展和就业需求进行分析，让学生在语言学习的过程中可以认识到语言的作用。

不管怎样，英语教学最重要的就是要在明确教学目标的基础上，实现英语教学和学生个人职业规划的融合，让语言教学成为帮助学生实践能力提升的重要方式。英语课程设置的多元化是由教学目标的多元化决定的。在进行英语课程设置时，对课程内容、难度、目标要有总体规划，以确保课程有效衔接。

（二）设置多样化的教学内容

传统英语教学内容往往表现出统一性——教材基本统一，教学内容基本一致，这成为阻碍学生个性发展的一个主要因素。这种单一的教学内容设计从某种程度上来说便于教学安排，有利于统一考核，降低教学成本。但不同教师在教授具体内容时有不同的偏好，更重要的是，这种模式忽略了学生的个性和学习需求的差异性。统一的教学内容也不利于教师对教学内容进行个性化的处理。因此，教师要采用更具针对性的教学方法，如故事方法、图像方法等，选择多样化的教学内容，满足学生的需要，让学生可以自觉地开展学习。

多样化的教学内容组合是个性化英语教学的重要组成部分。不同的教学内容组合为学生提供了不同的学习方式，或着重自主学习，或强调研究性学习，或突出体验式学习，或发展反思性的思辨、思维能力。学生通过自主选择教学内容，获得适合自身特点和需要的二语习得方法，提高英语语言技能应用和实践经验，反思教学内容的适宜性。在以往的教学中，教师按照教材的编写思路和对课程的个人理解，结合课时等外在条件的要求，对教学知识内容做分割和组合，这不利于个性化教学的实施。

多样化的英语教学内容安排要求以综合化的思想，整合不同单元的英语教学内容，避免知识内容的重复性，给学生提供多样化、综合性的学习材料，让学生能够拥有个性化的、明确的学习思路，认识自己的学习内容、方式和过程。多样化的英语教学内容要求课程设置将听、说、读、写、译五项技能课程进一步分工，进一步具体化和工具化，将听、说、读、写、译相对分离开来，或优化组合，形成听说、读写、写译等不同课程类型。学生既可以从自身的专业需求出发，积极探索满足自己需求的学习方式，也可以把作为通用英语的听、说、读、写、译等技能课程与强调专业需求的专门用途英语课程组合起来，形成内容更丰富的英语教学课程。

（三）设置模块化的英语课程

多样化的教学内容要求课程设置的模块化。教师要充分考虑学生的个性化，然后对英语教学采取分级分类方法，让学生能够从自身知识水平出发，找到适合自己的模块。同时，在课程设置上设置必修课和选修课模块，在不同模块下，设置不同课程，突出不同教学目标和教学内容。例如，学校可以在学生第一、二学年开设必修课程，即基础阶段的英语课程，课程可以包括读写模块、听说模块等，使大部分学生达到教学目标的一般要求。在第三、四学年，学校可以开设选修课程，包括技能类课程模块和文化类课程模块，让部分学生达到教学目标的较高要求或更高要求。技能类课程模块可以包括"英语实用写作""高级英语""英汉互译""英语高级口语""英语视听说"等课程，可以使学生有机会进一步发展自己的强项，弥补弱项；文化类课程模块可以包括"英美文学赏析""英美文化""英语电影赏析"等课程，使学生对英美国家文化有更进一步的了解和认识，有助于丰富他们的知识结构和人文素养。

"精读+听力"是以往英语课程设置的主要模式，而今正逐渐地向"综合英语+视听说+网络自主学习"模式转变。随着个性化教学要求日益突出，该模式进一步升级，形成了"精读+视听说+专业用途英语+网络自主学习"的综合性模式。精读与视听说的课程模块强调英语语言技能，可以以必修课的形式出现，保证其在英语教学中的核心地位。根据学生的个性差异，可以适当调整前两个课程模块的比重，相继引入专门用途英语课程模块，以选修课的形式出现，供学有余力和有专业需求的学生学习。网络教学给学生增加了选择的空间，学生能够从自身的兴趣点出发，找到最符合个体成长的学习材料和学习内容，控制自己的学习进程，及时调整学习内容和学习方法。作为教师，则应当转变过去以教师为中心的教学模式，强调"以学生为中心"的自主性学习。

（四）"通用英语+专门用途英语+X"模式的构建

目前国内各个高校的英语教学与英语专业教学之间的界限日渐模糊，英语专业和非英语专业学生的入校英语成绩和基础差距也在逐渐缩小，课程设置、教学内容、教学手段及考核方式也逐渐接近。英语专业教学目标是在完成一、二年级基础阶段的技能培养后，逐渐将英语语言技能同英语语言专业知识结合起来，甚至与社会需求较大的部分相关专业结合起来，形成复合式和应用型的人才培养模式。

在英语专业与非英语专业英语教学内容逐渐趋同的大背景下，英语教学如果还坚持通用英语的教学部分，即强调英语基本技能的培养，延续中学英语的教学内容，不与学生的相关专业结合，不转向专门用途英语的教学，会使得一些学生学习英语的积极性受到打击。专门用途英语既可以满足学生的学习需求，也可以满足社会对英语的职业需求。因此，英语教学需要在保留原有的通用英语教学内容的同时，引入专门用途英语课程，并使其在英语教学中占较大比重。

X因素指的是某种特殊需求下的英语听、说、读、写、译五项基本技能中的某一项或某几项。社会不断发展，不同职业对英语基本技能的需求偏好不同，有些职业偏重英语学习者的听、说能力，比如外事部门和驻外企业等。

在"通用英语+专门用途英语+X"的课程模式下，可以考虑做以下教学内容的安排：

前两个学年采取通用英语教学，在此期间，英语语言基础是教学的重点，主要培养学生的英语日常口语交际能力，为学生未来的英语学习打下坚实的基础；第三学年以专门用途英语词汇教学为主，重点开设与各个学科相关的专门用途英语课程，借助课程教学，帮助学生掌握本学科、本专业的核心词汇和主要表达方式；第四学年将专门用途英语与 X 因素相结合，帮助学生学习本专业领域内的口头或书面英语交际能力，甚至学术交流能力。

该课程模式下，可分别设置英语必修课和选修课。必修课以通用英语课程为主，遵循由易到难、循序渐进的教学内容分配原则，辅以部分专门用途英语的前期辅助课程，可以按学科大类，设置如科技英语、农林英语、商务英语的阅读课程。选修课以专门用途英语课程为主，主要考虑学生的专业特点和学习需求，尽量安排到第三或第四学年进行，学生这时已具有一定的专业知识基础，能更好地掌握基于专业知识的英语学习内容。

选修课程是能够反映个性化教学特点、满足学生个性化需求的课程类别。目前，国内高校纷纷设立选修英语板块，即不只设立基本课程，还设置学术、文化、专项技能等英语模块。英语专项技能课程包括口语类、写作类、听说类、翻译类等课程，这些课程重在提高学生的听、说、读、写、译等基本语言技能，属于 X 因素的范畴。

英语文化类选修课程，如"英美文化概况""英美文学作品赏析"等，这类英语课程偏重对学生人文素养和国际视野的培养。学术用途英语课程，按照学科领域设置学术英语阅读、写作和国际学术交流课程，旨在培养学生在专业领域继续研究和深造所需的语言能力，已属于专门用途英语课程的范畴。除学术英语外，高校开设的专门用途英语课程多与学生专业结合，以英语或双语课程形式呈现，但这部分课程多由专业学科教师承担，以专业选修课的形式出现，与英语教学联系不是很紧密。

第三节 个性化教学的基本要求

一、英语个性化教学对英语教师的基本要求

根据教学的基本特点，教学包括教师的教和学生的学，或者说，教学是教的系统与学的系统的有机统一。因此，个性化教学同样包括教师的个性化教和学生的个性化学。对教师而言，个性化教学意味着承认教师的个别差异，并根据这种个别差异进行个性化的教；对学生来说，个性化教学意味着承认学生的独特个性，并在教学中充分发挥学生的独特个性。在此，首先探讨教师的个性化教学，也就是说，探讨个性化教学对教师的教所提出的基本要求。从教师教的角度来说，英语个性化教学对教师的教提出了特殊的要求，或者说，作为英语教师，若要进行个性化教学，则必须具备以下几个方面的条件：

（一）应具备正确的理想信念

自古以来，教师的天职就是教书育人，为人师表。教师是培养下一代人才的关键，教师的一言一行都将直接或间接影响学生的发展。所以，教师是否具有正确的理想信念会直接影响学生能否健康地成长与发展。因此，作为英语教师，在进行英语个性化教学时，必须具备正确的理想信念。英语教师的正确理想信念包括其对英语教学的合理认识，对英语课程的社会价值的合理认识，对学生学习英语课程推动中国特色社会主义建设的价值的合理认识，以及对中国共产党领导下的具有中国特色的高校开设英语课程必要性的合理认识等，这些都将对学生有效学好英语课程产生直接影响。

（二）应具备高尚的道德情操

"师者，人之模范也。"教师的职业特点决定了教师必须具备高尚的道德情操。教育的"立德树人"这一根本任务进一步强调了道德在教学中的核心地位，这是教师在教学活动中必须具备的基本素质。

教学活动不仅需要尊重学生主体性的充分发挥，更要尊重教师主体性的充分展现。从教师角度来说，教学活动是教师教的主体性活动，在这主体性活动中少不了教师个体

人格魅力的彰显。其中，教师的主体性是凸显教师个体人格魅力的基础，教师个体的人格魅力引领着教师主体性的积极发挥。与此同时，道德情操又是体现教师个体人格魅力的核心要素。英语教学活动作为一项彰显英语教师人格魅力的主体性活动，少不了高尚的道德情操的积极引领。因此，高尚的道德情操是所有教师从事教学活动必备的共性因素。但是每个教师个体作为教学活动的主体，其所具备的高尚的道德情操又是个体性的，具有个体差异性和独特性。这正是英语教师在从事英语教学活动中凸显其个性特征的具体表现，因为英语教师在从事英语教学活动时，其思维模式和行为表现在很大程度上均体现了个体性的道德因素。

（三）应具备扎实的专业知识

教师应有扎实的知识功底、过硬的教学能力、勤勉的教学态度和科学的教学方法等基本素质，而其中的专业知识是教师从事教学活动最为重要的基础性条件。也就是说，作为教师，必须具有丰富、扎实的专业知识，以满足教学之需。尤其是在当今信息时代，随着学生获取知识和信息的途径趋于多样化，曾经奉行的"要给学生一碗水，教师要有一桶水"的观点似乎已不能满足现实的教学需求了，而应该是"要给学生一碗水，教师应有一潭水"。

（四）应具备科学的教学观念

在哲学意义上，观念是客观事物在人脑中的反映，观念指导着人们的行为。为了适应个性化教学行为的需要，在个性化教学过程中，教师必须具备科学的教学观念，以便科学合理地开展个性化教学活动。也就是说，在个性化教学理念的指导下，教师应该积极反思，提高认识，实现其教学观念的及时转变，以便更好地实施个性化教学，引领学生进行个性化学习。

在英语个性化教学中，英语教师可以从以下几个方面实现其教学观念的转变，从而形成科学合理且适应现代多样化人才需求的个性化教学观念。

第一，从教学态度上来说，为了实现个性化教学，英语教师应实现从会教到乐教，再到创造性地教的飞跃，以便更好地凸显教师的教学主体性，使教学具有趣味性，能够对学生产生吸引力。

第二，从教学认识上来说，英语教师应转变过去的以教为中心、过于重视教学结果的观念，应该树立以学为中心、以学生为中心且兼顾教学结果和教学过程的科学认识。

因为从英语教学现状来看，大多数英语课堂仍处于关注结果的层面，如教师的目的是把课程内容讲完，而学生的目的是该门课程能及格。

第三，从教学情感上来说，英语教师要有仁爱之心，要关注学生、尊重学生、理解学生和宽容学生。高尔基曾说："谁爱孩子，孩子就爱谁。只有爱孩子的人，他才可以教育孩子。"因此，教师要关爱学生。

二、英语个性化教学对学生的基本要求

（一）对学生思想意识的要求

个性化教学要求学生在学习英语这门课程时，必须提高学习的觉悟、增强学习的意识。通常情况下，学生学习英语的思想意识大致包括伦理意识、政治意识、社会意识、公共意识、专业意识、健康意识和发展意识等。其中，个性化教学对学生学习英语课程的伦理意识的要求，就是要求学生在学习英语这门课程时必须遵循一定的伦理规则，如以正确途径获取知识和信息，在学习过程中处理好个体与群体、个体与个体的关系等；个性化教学对学生学习英语课程的政治意识的要求，即要求学生虽然学习的是一门外语，但是必须坚定拥护中国共产党的政治立场，且以个体独特的方式表达对党和国家的忠诚和热爱；个性化教学对学生学习英语课程的社会意识的要求，即要求学生必须意识到英语课程与社会发展的关系，且学好英语课程后应以自己独特的方式服务于社会；个性化教学对学生学习英语课程的公共意识的要求，即要求学生在通过学习英语彰显个性的同时，也应意识到英语课程是一门公共课程，是所有专业都必须研修的课程；个性化教学对学生学习英语课程的专业意识的要求，即要求学生在学习英语课程时必须结合自身的专业特点，如在学习英语写作时，要结合自己的专业特点，尝试用英语撰写专业领域的学术论文等，这也是英语个性化教学对学生专业个性充分观照的体现；个性化教学对学生学习英语的健康意识的要求，就是指学生在学习英语课程时应充分尊重个体的身心健康规律，如选择最适合个体的时间记忆单词，不能超强度地学习等；个性化教学对学生学习英语课程的发展意识的要求，就是指学生学习英语不仅需要掌握一定的英语语言知识，还应将所学英语知识内化为个体素养和能力，使其所学英语知识能以合适的形式存在于脑海之中，丰富学生的个体经验，以供其在将来的生活和学习中能以合适的形式表达出来。

（二）对学生学习观念的要求

为了对学生有效地实施个性化教学，必须要求学生转变英语学习观念。因为在过去的学习中，学生学习英语大多是为了完成学分，能够应付过去即可。而今，随着信息化时代的不断发展，国与国之间的交流也日渐频繁。那么，如今的学生对英语的学习，一方面不能仅仅停留在完成学分层面，而应该充分理解英语的文化意蕴，吸收英语的文化精髓，结合自身所学专业进行发挥和创造；另一方面应充分利用英语语言的工具性，为自身的学习获取更多的信息资源。

在个性化教学理念的指导下，学生的学习观念必须实现如下几个方面的转变：

一是在学习英语的目的认知上的转变。个性化教学必须帮助学生认识到，学习英语不能仅仅是为了获得学分，而是要通过学习获得更多有关英语语言的知识和信息，以及渗透在其中的文化。

二是对英语这门课程自身认识的转变。英语语言既是一种文化，又是一种工具，而且每个人学习英语的目的是不同的，因此每个人对英语本身的认识也是有差异的，而对大多数学生来说，英语更多的是一种辅助本专业学习的工具。

三是对英语学习态度上的转变。由于个性化教学是一种充分彰显师生主体性的教学，因此在实施个性化教学的过程中，必须要求学生主动、积极地参与其中。

四是在学习英语过程中个体角色的转变。个性化教学要求英语教学必须结合学生的个性特点，突出学生的主体性和独特性，让学生通过学习丰富自我认识，如结合学生的专业特点、兴趣爱好、理想追求等开设相关课程。

（三）对学生思维能力的要求

思维是借助语言、表象或动作实现的，对客观事物概括的和间接的认识，是认识的高级形式。根据不同的标准，思维可以划分为形象思维和逻辑思维、经验思维和理论思维、直觉思维和分析思维、辐射思维和发散思维、常规思维和创造思维等。根据人们对思维本身的认识，结合个性化教学的本质特征，英语个性化教学对学生学习英语课程的思维能力提出了两方面的要求：

首先，在英语个性化教学过程中，必须重点关注学生的思维活动。根据思维间接性（即人们借助于一定的媒介和一定的知识经验对客观事物进行间接认识）的特点，学生思维活动的展开基于个体通过感知觉和记忆所获取的个体化的经验。这在一定程度上反映了思维活动的个体独特性和差异性，其与个性化教学中学生的个性特点和个体差异性是一致的。因此，在英语个性化教学过程中，必须以充分激发学生的思维活动为基础条件。

其次，在英语个性化教学过程中，应重点激发学生的经验思维、直觉思维、发散思维和创造性思维等。因为在学生的思维活动中，最能体现学生个性特征的是其经验思维、直觉思维、发散思维和创造性思维。其中的创造性思维活动，就是做他人没做过的、想他人没想过的、说他人没说过的。

（四）对学生学习方式的要求

马克思在揭示人类社会发展的基本规律时，认为生产力和生产关系之间的矛盾关系是促进社会发展的根本动力。其中，生产力包括劳动者、劳动工具和劳动对象，而每一个时代的进步与发展，又总是以一定生产工具的变革为前提的。同样，教学的改革和发展也是基于教学方式的变革而发生变化的。也就是说，英语的个性化教学的改革与发展必须基于个性化的教的方式和个性化的学的方式的变化。学生的学习方式的变化自然也是英语个性化教学得以有效实施的基本条件，或者说英语个性化教学要求学生必须具备个性化的学习方式。

英语个性化教学对学生在学习方式方面提出的基本要求主要体现在两个方面：

一是从学习方式所涉及的学生个体的主观能动性发挥效用的程度来看，英语个性化教学要求学生必须做到会学、乐学、创造性地学。会学，即要求学生懂得一定的学习方法，能合理有效地进行学习。乐学，是指学生在学习英语课程时，除需要掌握一定有效的学习方式外，还需要情感投入，只有当学生乐于学习时，其才有学好的可能。创造性地学习是最能体现学生个性化学习的因素，因为创造性地学习需要学生结合个体实际进行与众不同的学习。而且，通过创造性的学习，学生能够获得与众不同的"属我"的学习结果。显然，学生的这种创造性的学习也是学生的主动而非被动的学习。

二是从学习方式的具体内容来看，英语个性化教学需要倡导自主、探究、合作等学习方式。这就要求学生在学习英语课程时，必须充分发挥个体的自主性和独立性，要求学生处理好个体学习与合作学习的辩证统一关系，需要学生在积极主动地探索新知的过程中，彰显自己的个性特点。

第四节 个性化教学的评价

一、英语个性化教学评价的价值取向与标准

人们经常将价值界定为客体对主体的意义或有用的功能。一般而言，价值具有两层含义：一是事物的有用性和正当性；二是事物满足主体需求的程度。在社会科学领域，价值属于相对严谨的哲学定义，19世纪后，价值论和从前的认识论、本体论共同成为哲学领域比较主流的研究方向。在这之后，不少哲学流派或哲学家陆续对价值问题作了多层次、多维度的系统研究。马克思主义表示，作为一般性的定义，价值的产生往往是以人类对适应他们需求的外界物的态度为基础的。这说明，马克思主义对价值的认知着眼于人的需求和物的属性潜在的相关性，即从主客体关系的角度来认识价值。

综观教学评价的相关研究，可以发现三种不同的价值取向：

一是静态的评价取向，也就是对评价对象当下状态的测量、评估与诊断。与动态评价相比较而言，静态评价主要是考察特定时间、空间和情境中评价对象的现实状况、发展水平和存在的问题。

二是以结果为主导的评价取向。相较于过程性评价，结果导向性评价是教学活动整体完成或某个阶段的教学活动完成后，对教学效果的总结性评价。结果性教学评价将学生日常的学习成效作为重要标准，而对习得的过程及其方法、技能的掌握等则相对关注较少，从而导致学生的思维缺乏足够的训练，未能掌握合理的学习方法。很多学生将大量的时间、精力用于应对考试，目的是拿到高分。但结果导向性评价也存在自身的优势，如简便易行、操作迅速。过程性评价相对来说比较复杂，虽然操作难度小，但耗时较长。

三是以知识为主导的评价取向。这种评价取向关注学生对教师讲授知识的掌握情况，能够为学生获得系统的知识提供有效的反馈信息，也能够促进教学的改进。但是，从促进学生均衡发展的总体目标来看，这种评价取向仍有较多的弊端，不利于学生综合素质的培养。

（一）个性化教学评价的价值取向

学生就如同院子里的花草树木，各不相同。教学评价不仅是对某个阶段的教学成果进行诊断，同时也是持续的过程，教师须作出总结和反馈；不仅是对现实问题作出的检视，同时也是发展性的评价。教学评价并不是让全体被评价者都完成既定的某个目标。相反，它以原有基础为前提，对被评价者的进步情况进行综合评价。

提升英语个性化教学评价的科学性、教育性，充分发挥教学评价的激励功能、促进作用和反馈效果，需要以发展取向、过程取向和综合取向作为英语个性化教学评价的主流价值取向。

1.个性化教学评价的发展取向

随着全球化时代的到来和信息社会的快速发展，人的存在与价值、生活的旨趣、教育的内涵等均发生了较大的变化，人的社会地位和价值越来越受到重视。为此，教育应当以人的均衡发展作为行动指导。教学评价应坚持以人为本的原则，构建对教学质量有帮助、促进教师专业发展、尊重学生的差异性，以及促进学生发展和社会建设相匹配的教学评价体系。所以，英语个性化教学应坚持发展取向，即通过发展性的教学评价促进英语个性化教学质量的提升。

英语个性化教学评价的发展取向包括以下两个方面的内涵：一是英语个性化教学蕴含了发展的旨趣。英语个性化教学不同于一般意义上的英语教学，它旨在通过个性化的教学活动促进师生的进步与发展，培养学生的创新精神和独特个性。二是英语个性化教学评价的目的在于提升英语的教学质量，进而促进学生个性化发展。总之，英语个性化教学评价旨在通过发展性的教学评价，推动英语教学以及师生的个性化发展。

2.个性化教学评价的过程取向

评价，即主体对特定的评价对象作出量化分析或价值判断。评价主体在评价过程中需要正确看待评价客体。教学评价包含三个关键部分：一是教学输入质量；二是教学过程质量；三是教学输出质量。教学输入质量，大致包括条件设备、学生基础及师资配备等项目的评价。教学过程质量，也就是对教学目标的完成情况、教学内容的部署情况、教学结构的调整情况，对教学方法的使用以及教学能力的大小等分项目进行评价。教学输出质量，即对教学既定目标的执行状况、学生对课堂内容的熟练状况等进行评价。

教学过程在很多情况下对教学质量起决定性的作用。所以，对教学过程进行评价相当关键，关系到教学评价的科学性，以及教学评价结果解释的内在逻辑性。因而，需要重视对教学过程的评价。据此，英语个性化教学评价需要高度关注英语个性化教学的整个过程，如对教学目标进行设置、对教学内容进行安排，选用恰当的教学方式以及教学管理模式等。在教学活动中，学生的课堂表现、思维品质，以及师生关系的转变等因素都关系到个性化教学最终的成效。所以，个性化教学评价需要坚持以过程为导向，不仅要注重结果评价，同时还需要对个性化教学过程进行评估，保障教学评价的真实性、可靠性。

3.个性化教学评价的综合取向

在大数据流行的现代社会，提升英语个性化教学的质量，应当摆脱单一性手段的教学评价形式，做到综合性。综合性立足于多元视角及全局，倡导从不同维度来对教学活动进行整体评价。

在评价目的上，综合性的要点在于教学过程，特别是对学生的学业成绩作出诊断，旨在为提升教学品质提供有效的反馈信息，提升学生的综合素养，尊重学生的个性化。

在评价对象上，综合性除注重对学生的知识、技能进行评价外，也关注学生日常的协作和创新能力。究其实质，综合性属于综合素质评价，评价对象为"全体学生"，它并非对学生的不同素质进行机械组合，而是找出各素质潜在的相关性，促进融合，使其成为真正的整体。

在评价主体上，综合性倾向于对外部、内部评价进行整合。除对英语教师自身的教学水平进行鉴定外，还包含对学业质量或综合素质进行诊断。教育的相关管理部门、家长或社会评价机构等，均可对其进行合理的评定。同时，教师、学生同样也能够对教学过程或结果作出评价，将教师、学生评价列为主体，扭转师生长时间被视作评价客体的现象。

在评价方法上，综合性倾向于对教学过程作出整体性评价。所以，有必要从不同的方面来对参评数据进行收集，做好系统分析。

（二）个性化教学评价的标准

1.引领学生进步

教学目标在某种程度上反映了培养目标，可以说是教学中的核心要素。英语教学改革应建设多层次、多元化的教学目标体系，满足学生个性化的学习需求。英语教学目标具有三级体系，即基础、提高和发展三个等级，旨在通过个性化的教学活动促进学生的个性化发展。

基础级别教学必须达到的教学效果为：学生可以适应学习生活，同时可以结合与自身紧密挂钩的信息进行交流；可以引入具体的学习策略；和文化背景不同的人进行交流时，可以了解对方的文化形式，尊重彼此价值观的差异；结合交际需求，能够对交际策略进行运用。

提高级别教学必须达到的教学效果为：学生在平时生活或学习中可以用英语来对某些比较常见的话题进行交流、讨论；可以运用有效的学习策略；和文化背景不同的人进行交流时，可以应对文化、价值观等差异问题；结合实际的交际需求，使用合适的交际策略。

发展级别教学必须达到的教学效果为：学生在平时的生活或学习中可以用英语进行流畅交流；可以熟练使用学习策略；和文化背景不同的人进行交流时，可以应对在文化背景或价值观等诸多层面上的差异问题；结合具体的交际情况、场合及交际对象，使用恰当的交际策略。

2.引导教师高度关注英语个性化教学全过程

英语个性化教学全过程包括设置教学目标、确定教学内容、选择教学方式、展开教学管理等。与此同时，还需要关注学生在教学过程中的具体表现、情感变化等。

对于个性化教学过程而言，首先，教学目标的设置要照顾到不同学生的理论基础，需要充分考虑理论基础较差的学生和理论基础较好的学生，尽量做到既能够给予基础较差的学生更多的学习机会，又能够给予基础较好的学生一定的成长空间。通过技能学习强化学生语言基础，提高其英语综合应用能力，这不仅能够使学生在英语学习过程中英语水平不断提高，而且有利于学生个性化发展，从而满足学生自身发展需求，体现出充满个性化的英语教学特征。

此外，英语个性化教学的评价要重视以下几方面：首先，要看教师在设计整个课堂教学时是否体现合理性，学生是否了解教学目标，教学结构是否完整清晰，设置的问题是否具备合理的梯度，学生认知过程是否达到预期目标，教学任务是否得以落实；其次，教师在课堂上是否能够对师生互动过程、信息交流过程予以主导，是否能够对在教学中存在的各种问题进行有效解决，学生是否积极参与课堂学习，课堂教学是否体现出高质量；再次，教师在教学过程中是否利用多媒体等辅助工具展开教学；最后，课堂教学质量是否达到预期目标，学生是否有反馈意见。

在课堂活动中，学生若具备较高的学习积极性和主动性，就能使教学活动充分、有效地开展。而参与是学生主体实践活动开展的基础，引导学生自主学习、探究学习也需要学生主动参与。如果学生在课堂学习中不参与或参与的过程不具备积极性和主动性，教学的有效性便无法体现。在基础教学中，为提高学生参与课堂学习的积极性，具体可采取激发学生的学习兴趣、为学生提供充足的学习空间、设计具有挑战性的问题等方法。

3.打破单一性教学评价，实施多维度、立体化的综合性教学评价

个性化英语课程评价以学校内部开展的自我评价为主，其他多样化的外部课程评价为辅，在课程体系的评价上，必须确保客观、公正，为课堂教学的开展提供信息反馈，继而推动课程深入建设。评价是检验教学质量、推动英语课程建设与发展的重要手段。学校教学管理部门根据本校的教学需求和现状，制定适合本校的评价标准，建立常态化的评价数据库，定期更新和公布数据，以便于自我监督，并通过有效分析和反馈评价信息，促进自我改进和提高。多样化评价是校内评价的必要补充和延伸，英语课程多样化评价应根据学校类型、地区特点和学生需求，开展分层、分类的课程评价。教学管理部门负责制定评价标准和实施评价。评价活动主要包括教学过程的评价、学习过程的评价，在评价活动中，师生应积极参与。另外，开展评价活动还需要了解外部环境，为课程建设与发展提供更多指导性建议。

英语个性化教学评价体系的建立，有助于我们通过多维度分析，了解英语个性化教学能否达到最终的教学目的。

二、英语个性化教学评价的基本原则

基于对英语个性化教学评价及其价值取向的理性分析，我们认为，在具体操作过程中，英语个性化教学需遵循如下原则，即系统性原则、可操作性原则、灵活性原则和发展性原则。

（一）个性化教学评价的系统性原则

英语个性化教学评价是一个多维度、多层次的评价系统，系统内部存在着特定的结构，在该结构中，各个构成要素形成一个紧密联系的有机整体。系统性原则认为，事物是由具有内在逻辑关系的要素组成的整体，各个要素之间是一种有机的存在形式，作为

整体的一部分，各个要素对整体功能的发挥具有重要的作用。

系统性原则是英语个性化教学评价的首要原则。首先，从共时性的角度来看，英语个性化教学评价是一个整体性的评价，不仅涉及对教师教学质量和学生学习效果的评价，还涉及对整个教学过程的评价。它是对英语个性化教学活动的整体性评价。只有遵循系统性原则，才能确保英语个性化教学评价的科学性和全面性。其次，从历时性的角度来看，英语个性化教学评价不仅是特定时间或特定情景下的教学评价，而且是注重对英语个性化教学活动的全程性评价；不仅涉及教学活动的导入、教学过程的实施、教学结果的评定，还包括对每一环节各个要素发展的整体性诊断，所以英语个性化教学评价是一种系统性、全面性的教学评价。

（二）个性化教学评价的可操作性原则

可操作性是教学评价能否实施并获得预期效果的关键因素。英语个性化教学评价能否实现对英语教学的精准诊断，核心在于各项指标是否在教学过程中得到了落实，确保没有流于形式。为此，各项评价指标必须切实体现教学主体行为、教学进度、教学效果等。这就需要对英语个性化教学活动进行维度分析，并根据各个维度建立二级指标、三级指标等指标体系，以及确定各类、各级指标的权重分配。通过可操作性的指标体系，实现对英语个性化教学的可视化评价，并提升英语个性化教学评价的科学性和可操作性。

（三）个性化教学评价的灵活性原则

灵活性原则主张根据评价对象的客观情况进行适时、合理的评价，而非采取统一的评价标准、评价程序进行机械的评价。英语个性化教学是一种富有文化特色和个性色彩的教学活动，其个性化的特征意味着英语教学不同于一般的日常教学，而具有其独特之处。据此，英语个性化教学评价需要遵循灵活性原则：一是根据不同的评价对象，实施差异性评价，尤其是针对不同类型的教学活动，需要开展有针对性的教学评价；二是对于不同情境中的教学对象，需要实施因时、因地制宜的教学评价，而非同一形式的整体评价。英语个性化教学评价的灵活性原则尽管增强了英语个性化教学评价的难度和复杂性，却大大提高了英语个性化教学评价的针对性和实效性。

（四）个性化教学评价的发展性原则

结果导向的教学评价往往是静态的，它将系统、完整并具有变化性和发展性的教学评价简化为一次性的终结性评价，不利于从整体上认识事物的发展过程。发展性原则主张从动态、变化的视角看待事物，认为事物是处于不断发展和演变过程之中的。发展性原则是英语个性化教学评价的重要原则之一，它主张不用静止、封闭的眼光看待英语个性化教学，而是从发展层面出发，加深对英语个性化教学的认识。发展性原则要求对英语个性教学评价不能就评价而评价，要对教学评价所具有的价值予以挖掘，促使教学评价的实际作用得到充分发挥。

第五章 英语混合式教学策略研究

第一节 混合式教学的文化建构

一、混合式教学研究概述

（一）混合式教学的概念

混合式教学（B-Learning）也称为混合式学习，是突破传统面授而迅速崛起的一种新型授课方式。它是在网络技术迅猛发展的前提下，为充分利用网络条件和资源、提高"教与学"效率而在教育领域引发的一场改革。这种改革不是对传统模式的简单否定，而是将传统课堂教学（C-Learning）和网络教学（E-Learning）相结合，充分体现教师的主导作用和学生的主体作用，教师与学生通过线上、线下两种互动方式来完成教学任务，提高教学效果。2003年，何克抗教授参加了教育技术相关国际会议并将混合式教学概念引入国内。他认为混合式教学模式"既要发挥教师引导、启发、监控教学过程的主导作用，又要充分体现学生作为学习过程主体的主动性、积极性与创造性"。美国等发达国家的教育理念是"以学生为中心"，而我国的教育理念更倾向于"以教师为中心"。"传道授业解惑"使教师在知识传授过程中发挥主导作用，而学生则被动接受。对学生来说有两个好处，一是相对轻松，二是可在短期内接触更多的新知识，但同时，学生对知识的理解和应用效果较差。混合式教学改革要打破"两个好处"，让学生主动参与到学习进程中来，考验学生的意愿接受程度。

（二）混合式教学研究与实践现状

目前，混合式教学研究呈增长态势，内容涉及混合式教学的产生及发展、内涵、理论基础、特征分类、模式构建、教学设计、技术环境、学习效果、实践验证等。有关混合式教学的研究与实践还在深化拓展，其中明显的缺点在于，几乎没有关于混合式教学的文化研究，导致混合式教学的开展缺乏大环境的支持。许多高校都开展了这一项目的教学改革实践，其程度与范围各不一致。有关混合式教学的研究与实践显示，这种新的教学模式将会对整个教学系统带来质的改变，这也让混合式教学的支持者们非常乐观，但真正能决定这种模式的推广时间及范围的决定力量却是学校上级领导与管理部门。他们看到了变化，但又必须通盘考量、谨慎抉择。因为，要在全校采用这种模式将导致整个学校制度的改变，尤其从我国现有的研究与实践来看，缺乏混合式教学运行的相关机制以及来自宏观文化制度的探索与研究的支撑。

（三）混合式教学的施行困境

目前，混合式教学的改革实践集中于高校且只局限于"一课"而难以推广。究其原因，一是传统课堂教学与网络教学是两种不同的教学系统，而混合式教学可以"兼容"两者，这就必然导致其运行机制的复杂性与差异化；二是我们必须承认，全日制学校以传统课堂教学为主形成的教学文化规范与混合式教学要求的文化规范存在诸多冲突，包括学校领导对混合式教学的理解与支持程度，技术环境支持，教师对混合式教学的认知、施行能力，学生学习习惯与需求，现行的混合式教学所处的模式、范围以及质量，等等。学校如果想大范围开展混合式教学，就必须持全局观、系统观，把混合式教学置于学校战略层面，自上而下进行推进，这就要求我们构建一个可以使混合式教学开花结果的文化土壤。

二、高校混合式教学的文化建构

百度百科对文化的定义为："广义的文化是人类在社会实践过程中所获得的物质、精神的生产能力和创造的物质、精神财富的总和。狭义的文化指精神生产能力和精神产品，包括一切社会意识形态：自然科学、技术科学和社会意识形态。"结合对文化的定义、内涵、结构、层次、作用等的相关研究，本书认为混合式教学文化是指在教学过程中，支持师生开展线上线下教与学活动的有关理念、规章制度、组织机构的总和。

（一）混合式教学理念的建构

当今与未来社会需要知识型、创新型人才，这就要求我们建构一个"以学生为中心"的教育理念，良好地实现学生学习的"个性化"与"基于能力"两个需求，这显然与工厂化教学模式下的"大锅饭"及"基于时间"的理念相悖，而混合式教学能很好地兼容"个性化"与"基于能力"的学习。学校领导、教师、学生三者正确认识混合式教学意义重大。校领导的理解与支持、教师的推动与实施、学生的参与和支持是混合式教学能够大范围推广的关键。建构学校层次的混合式教学理念十分重要，这方面比较典型的就是清华大学的"基于混合式教育学位项目促进专业硕士招生培养模式改革"与山东省淄博市"荆家中学混合式教学改革"。

（二）混合式教学规章制度的建构

大部分高校及中小学都开展了混合式教学改革实践，但大多数都停留在简单的整合状态，深度整合仅限于"几课几人"。这些深度整合课程也几乎都是作为高校立项的教学改革项目展开，有特殊的条件支持，大部分教师想做，却苦于缺乏相关教学规章制度的支撑，如网络教学活动不被纳入计酬工资范围等。高校对一些网络教学的管理和认定也缺乏相关制度。混合式教学规章制度涉及平台与课程的建设、运行机制、教师行为、工作量化、学生选课、学习方式、学分认定、考核方式、财务收支、技术保障、机构职能以及教师培训等方方面面。这些涉及整个学校教学制度的变革，是复杂的、全方位的。恰当的混合式教学规章制度必须建立在对混合式教学的深刻理解基础之上，同时借鉴优秀的成功案例，与自身条件相结合后，因地制宜地执行。

（三）混合式教学组织机构的建立

混合式教学实践证明，即使学校给予教师充分的自主权去就一门课程开展混合式教学改革实践，也是收效一般，原因在于个人无力改变学校的规章制度，难以协调与其他部门、科系的关系等。一个有效的混合式教学组织机构的建立，能很好地解决这个问题。这个机构应包括：学科课程教学团队、技术支持团队、领导专家团队、评估协调团队。学科课程教学团队负责教学问题，完成教学活动；技术支持团队提供线上技术环境的构建与维护；领导专家团队负责协调与其他职能科室之间的关系，争取学校政策与制度的变通支持，对人员的宏观教学理念、教学设计等问题提供咨询与培训服务；评估协调团队处于领导专家与其他团队之间，协调各团队之间的工作，对教学与协同工作效果进行评估、总结，并负责推广。各部门只需专注处理自己职能领域范围的问题，各司其职、各尽其能，以达到协同完成整体混合式教学项目的实践。

第二节 混合式教学的质量监控

随着全国混合式教学的开展和教学改革的不断深入，"课前—课中—课后"的混合式教学模式已被大部分教师和学生接受。课前，教师构建并发布导学信息、学习资源、学习任务与活动；课中，在线答疑，评估学生的学习行为，调整课堂讲解的内容；课后，进行总结性评价、教学反思与教学记录，给出拓展问题并答疑。然而，对于教师采用哪种教学质量评估方法来监控教学质量和教学效果，还存在许多疑惑。本节针对混合式教学的不同过程分别进行教学质量调查方式研究，探究行之有效的教学质量监控方法。

一、课前教学质量监控

从教学计划来说，课前教学质量监控应从教学的理念、对学生的了解、对课程的理解、目标设置、策略选择、评估方法、检查教学计划、讨论访谈等方面进行质量检测。教师在前期准备阶段应根据前期学生的反馈调整教学内容，预测课堂教学中可能会出现的问题，同时对教学设计和预期目标的合理性、教学内容的理解分析是否正确等方面进一步分析，再一次完善教学方式，优化教学资源。教学质量监控的主体通常是学生，主要针对已掌握相关知识的学生进行调查、分析、研究。不过，教师和学生在教学质量监控中都占据着重要位置。比如，在课前教学质量监控中，应对教师如何备课、教学设计是否合理、能否顺利完成预期教学过程、本节课的教学目标是什么、如何调整本节课的教学设计、是否考虑学生的想法、教学如何与学生的想法相结合、本节课的辅助教学资源是否充足、如何解决教学资源不充分的问题等方面进行调查与分析，从不同角度全面监控教学质量。

二、课中教学质量监控

根据学习内容，教师设置具有导向性的课堂问题，围绕问题开展教学活动。由学生个人或通过小组讨论参与问题的分析与解决。调查的问题主要有：本节课的主要内容有哪些？授课内容是否清楚？对近期教师的授课方式有什么好的建议和意见？等等。此外，课程结束时要求学生匿名做一次针对本节课的教学评价。学生的教学评价是对教师和自己负责的表现，教师也可以根据调查内容及时调整教学内容。

三、课后教学质量监控

（一）成绩测验

混合式教学成绩主要包括在线作业、上机作业、在线测试、调查问卷、网上学习时长等。成绩测验可以是纸笔式的，也可以是表现式的；结果可以量化，也可以不量化。

（二）课后调查

课后调查主要以匿名方式进行。调查问卷的设计以主观题为主，让学生尽可能表达对课程及教师的意见与建议。这个工作有利于教师了解学生对任课教师以及课堂氛围的真实想法，掌握学生的学习状况及学习效果。同时，通过学习小组互投等方式选出本节课的最佳学习小组和最佳学员，以此来提高学生的学习积极性和主动性。

（三）知识点答疑讨论

知识点答疑讨论是学生对本节课内容的了解程度和学习深度的重要体现，是课后教学质量评估的重要组成部分。教师通过学生在答疑讨论区所提出的问题及进行的讨论，可以了解学生课堂教学能否学习到主要知识，能否达到"线上+线下"学习的预期效果，并发现教学中存在的问题和遗漏，由此对教学质量进行评估，做到对整个教学效果的有效监测。分析学生提出的问题可以帮助学生厘清思路，同时，合理修改教学方式和教学框架，使其更符合学生的学习要求，增强学生的满意度，提高学生的学习质量。

（四）教师反思

教师通过分析学生在线上学习以及课中学习的表现，找出学生的长处与短处，尤其是具体分析短处，引起学生的重视，并进行改正。根据测试结果发现教学过程中的薄弱环节，明确学生的知识水平，由此帮助教师提高自身的教学水平。针对学生反馈的个人学习误区，对理解程度不同的学生分别提出个性化建议，帮助学生优化学习方式。教师还可以通过微信、QQ 群等方式给对方留言，帮助学生及时解决问题。教师也可以根据学生反馈的信息，进行集中讨论，找出自身存在的问题，对症下药，在实践中逐渐完善教学方式。

（五）课后学习活动的开展

实践是检验真理的唯一标准。课后学习活动的开展，不仅能使学生巩固学到的课程知识，也能解决学生在课程学习中遇到的、难以用语言解决的问题。这也能让教师检验出学生能否真正消化课堂知识，能否把学到的知识转化为实际行动能力，而不再是"纸上谈兵"。

第三节 混合式教学中的交互作用

混合式教学进程中存在学生个体、学习行为和学习环境的交互作用。本节通过分析它们的特点、交互形式以及良性交互产生的结果认为，促进混合式教学改革走向完善，需要在课程的选择、课程资源的设定、课程学习的技术支持、课程学习规则的制定等方面作出调整，加强对教师的培训、鼓励和考核，以及对专业课程的解构与重构。

一、混合式教学中的交互因素及其特征

所谓交互（interactive），是指参与活动的对象之间的交流与互动。广义上来讲，参与活动的对象既包括人，也包含人的行为，以及人所处的环境因素。加拿大教育家阿尔伯特·班杜拉提出了交互决定论（reciprocal-determinism），该理论认为，行为、人的因素、环境因素，实际上是作为相互连接、相互作用的决定因素而产生作用的，即强调三种因素之间的相互影响、相互决定。在混合式教学中处于主体地位的学生是教学过程的主要参与者和教学效果的主要承载者。混合式教学效果的好坏也可以看作学生个体、学生的学习行为和学生所处学习环境的交互作用、共同影响的结果。人的因素主要包括学生的学习和认知能力、年龄性别类型、生理心理特征等，是影响学生参与效果的内在因素。由人的因素所派生的行为因素，是指在混合式教学过程中学生线上自主学习和线下参与讨论等行为。混合式教学中，如果只考虑学生是人的因素的话，那么教师及其行为以及为学生创造的学习资源将被视作环境因素，从而影响学习进程和结果。除教师给学生创造的学习环境之外，网络设备、网络平台和网络质量等客观条件是开展混合式教学的必备条件，由学生群体学习行为形成的人文环境也成为个体的学习环境。混合式教学过程的开展中，以上因素都将包含在一个无形的系统中相互关联、交互作用，最终决定混合式教学的成果。

二、混合式教学中各因素的交互形式

班杜拉在交互决定论中提出了相互作用的三种模式：环境是决定行为的潜在因素、人和环境交互决定行为、行为是三者交互的相互作用。混合式教学各因素的交互形式大致有以下几种：

（一）学生与个体行为的交互形式

学生本身所具有的认知水平和学习能力等特质将影响学生的学习行为，而学习行为又进一步改变学生本身所具有的特质。混合式教学初期，学生的特质会决定其学习行为。有较高认知水平和学习能力的学生，通常能较快地参与到学习活动中，根据自己的认识和兴趣发现学习内容中的问题，拥有独特的见解，能在线下课堂与教师或其他学生探讨并交流。混合式学习中后期，学习行为又会改变学生的特质。积极的学习行为会促进学生认知水平和学习能力的进一步提升，从而对个体特质产生正面影响；而消极的学习行为则只会维持学生学习前的认知水平和学习能力，甚至会有所倒退。

（二）个体行为和学习环境的交互形式

学生的学习行为对学习环境产生潜在影响力，而学习环境的调整又会引导学生的学习行为向积极或消极的方向发展。如果学生积极饱满的学习热情受到网络教学环境的束缚，他们会通过向教师或学校反馈的方式表达改变网络环境的诉求，进而满足提高学习效率的愿望。学生的参与度和热情会激励教师为学生提供更优质、更恰当的教学资源，从而使学生的学习热情体现出良性循环。一些学生积极的学习行为会给其他学生营造一种正面的学习氛围和示范效应，促使多数学生学习行为逐步趋同，更有利于激发他们浓厚的学习热情与参与度。反之，部分学生消极的学习行为不仅影响主导教师的教学积极性，也会降低其他学生的学习热情，混合式教学的推行进程将变得更加艰难。

（三）学习环境与个体的交互形式

学习环境的营造需要许多个体的共同参与和相互影响。完备的网络环境与其高效运行，会为学生参与混合式教学提供便利的硬件设施。教师线上资源的丰富多样和线下引导的灵活、有趣将使学生产生愉悦感。良性的学习氛围会增强学生的归属感和努力学习的信念，激发他们的想象力、洞察力。同时，学生个体特质的提升又是促进环境优化的潜在推动力。

三、学习过程中各因素的动态交互及结果

（一）第一阶段：教师主动、学生被动

混合式教学活动主要改变的是知识传授方式，这也是学校主导的教学改革的重要组成部分，具体由任课教师实施。教师根据以往的传统授课经验来设定初期的授课内容，学生被动参与并对新颖的授课方式产生较高期望值，在学校和教师创造的学习环境中开始混合式教学活动。这一时期，学习环境对学生个体的兴趣、学习行为将产生较大影响；学生个体几乎对学习环境没有太大影响；学习行为则因个体特质而有所差异，适应效率

各有不同，但最初差别较小。

（二）第二阶段：学生主动、教师协助

混合式教学活动的逐步推进将改变学生的认知水平。通过线上线下学习，学生对于混合式教学模式的细节设定、平台的功能操作和教学板块、教师上传教学资源的适宜程度及教师在整个课程中发挥的主导作用都会有一些主观认识。学生与教师之间的主动权将逐步发生逆转，学生会针对教学资源、教学环节，甚至教师掌控课堂的水平发表看法。学生的观点一旦传达，任课教师必须作出积极回应，解释部分问题出现的原因，并尽可能调整教学资源、优化课程设计。这一阶段教师对于学生诉求的反应程度和能力，会对学习环境和学生学习行为产生很大的影响。

（三）第三阶段：学生、教师平等互动

学生的积极参与、教师的及时回应有助于混合式教学上升到一个较高的平台期并保持稳定。学生逐步适应混合式教学的节奏，教师能根据学生的阶段性学习效果和问题反映，优化教学资源，设定更加合理的互动方式。由于与教师的互动讨论成为线下课程学习的主导方式，学生与教师之间就课程内容和学习难题，甚至线上资源的充盈程度进行沟通，教师接受学生建议并对教学资源和引导方式作出合理调整。这一时期，学生个体、学习行为和学习环境在稳定状态下相互适应、逐步糅合，三者交互作用发挥"微动力"，促成混合式教学活动进入平台期。

四、实施混合式教学的建议

（一）课程选择的建议

混合式教学并非适用于所有课程，某些理科、实验性强和操作多的课程，更适合线下课堂讲授或小组讨论。根据多年授课经验，教师如果想为学生提供丰富的课程资源，主导线上论坛或线下讨论和答疑，需要全面掌握课程内容，丰富授课经验，这就需要至少有2~3学期的该门课程授课经验。所以，选择试点课程时需要选择较为成熟的课程，逐步积累经验形成示范效应，逐渐扩大试点范围，提升教师、学生参与改革的信心和动力。

（二）课程资源的设定

线上或线下学习资源的设定，应以完善学生知识体系、提升参与社会的能力为中心。首先，应借助座谈会的形式来听取学生的建议，课程资源应更加贴近学生的专业，提高课程学习的趣味性；其次，学习资源的体系架构应呈现更多与现实接轨的内容，提高知识的应用性；再次，线上线下学习资源应根据学生的年级、专业、前期学习基础、未来就业需求等内容实时、合理分配，保证及时性；最后，学习资源的调整应借助课程中后期的学生座谈，充分听取学生的意见，把握学生的需求变化和满意程度，不断优化资源体系，提升学生的学习兴趣。

（三）课程学习的技术支持

现代学生基本熟悉网络操作，为混合式教学中的线上学习提供了有利条件。通常，线上资源都限定在特定的学习平台，对平台内部各模块的熟悉和熟练程度将影响学生的参与效率，这就需要学校统一进行必要的培训或发放统一的培训视频，为混合式教学的顺利开展做好准备。同时，要提高线上网络的运行速度，避免浪费学生线上学习的时间。创建学生网络学习问题反馈平台，及时收集并处理课程学习过程中出现在线上平台的技术问题。

（四）课程学习规则的制定

混合式学习是一种打破常规的学习方式，需要学生付出更多的时间和精力，对学生自主性的要求较高。惰性使部分学生排斥甚至敷衍应付学习，一旦形成不良的学习氛围，就会导致混合式教学活动的低效化。为防止这一问题的出现，教师应采取以下措施：首先，要明确线上线下学习规则，合理制定奖罚制度；其次，应提高洞察违规现象的能力，并及时制止和纠正；最后，充分发挥学生的主体性和教师的主导性，及时调整考核规则，激励学生共同参与规则的制定，以此增强学生对学习规则的认同感，提高执行力。

第六章 英语反思性教学策略研究

第一节 反思性教学概述

一、反思

美国实用主义哲学家约翰·杜威认为，反思是一种根据支持的理由及其所导致的结果，对任何信念及实践进行积极的、持续的和审慎的思考。伯莱克指出，人们以旁观者的身份对自己所作出的行为及产生的情感体验进行批判性思考以及在此过程中形成的能力就是反思。

二、反思型教师

反思型教师是指能够积极地研究课堂中的信息和问题的教师。反思型教师能够对课堂有关教学技能、方法的使用问题，课堂中涉及的理论、观念问题，课堂教学效果问题，以及与课堂有关的道德责任感问题等，进行积极探索。

三、反思性教学

教学主体借助行动研究，不断探究与解决自身和教学目的，以及教学工具等方面的问题，将"学会教学"与"学会学习"结合起来，努力提升教学实践的合理性，使自己成为学者型教师的过程。杰克·克罗夫特·理查兹在《第二语言课堂的反思性教学》一书中，将反思性教学定义为教师发展的一个技巧。教师通过对自己的课堂教学提问进行反思，收集教学的数据，审视自己的态度、观点和教学实践，以这些信息为基础进行批判性反思。

反思性教学实践是针对技术性（操作性）教学实践的弊端而提出的，是对技术性教学实践的反对。20世纪80年代，反思性教学理念的教育思潮兴起，"反思性实践""反思性教学"等词频频出现在相关文献之中。反思性教学理念认为，如果只依赖于技术性的方法，很难解决具体教学情境中的问题。教师践行反思性教学理念是针对长期以来形成的教学改革的弊端而言的。教师在教学实践中积累的知识和专长被边缘化抑或被忽视，作为处于教学实践第一线的教师，只能被动地接受和适应来自校外的专家、学者们基于理论研究而作出的改革方案。要求教师对专家、学者们脱离实际而研制的教学目标、方法及内容的被动认同，严重忽视了教师自身对具体的教学情境的探究与创新，教师被剥夺了在实践中进行创造的机会和能力。而事实上，相对于那些校外的研究者，教师更能理解教学的复杂性，并在教学过程中表现出更多的教学创造性。反思性教学指出，教师不应该只是被动接受外来教学理论的技术性人员，他们具有能够对自己的教学提出表征问题、对其作出评价并由此作出决策的能力。

归根结底，教师应成为反思型教师。反思型教师要具有自我发展的意识，在教学过程中要不断地反思自己的教学观念，要成为课程的实施者、课程开发的研究者与参与者。教师职业生涯的开端有赖于传统的教师培训项目，而要改善、提升自己的教学实践，必须以对自己的教学经验进行深刻的思考为前提。脱离自己的教学经验的"智慧"和他人的研究是贫乏无用的，教师应持续地学习。

四、反思性教学的基本特征

反思性教学是相对于操作性教学或技术性教学而言的，它具有异于技术性教学的显著特点。

第一，反思性教学立足于教学实践，以解决教学中存在的实际问题为基本点，具有创造性。首先，这种反思与以往的常规型教师教学后对自己的教学实践情况进行的简单反思存在差异，反思性教学实践中的反思是一种可反复通过实验验证的具有研究意义的反思。而且，即席性的反思、回顾性的反思以及预期性的反思都指向一定的问题，具有问题定向性。践行反思性教学理念不再是教师简单地把书本上的知识灌输给学生，生搬硬套教学大纲，而是能根据学校、学生的具体情况创造性利用资源，能发现实践时遇到的问题，并能解决具体教学情境中的问题，从而达到优化课堂教学、提高教学效果的目的。其次，反思性教学融科学性和人文性于一体，采用两者相结合的方式来解决教学过程中出现的各个层次的问题，如技术层次、实践层次等的问题。反思的过程与人的行动紧密结合，两者是难以割舍的同一过程。在行动研究看来，反思性教学不应只是个人的行为，而应有行动小组，并且借助群体反思进行探究活动。而且对于探究的结果有在实践中进行检验的过程，即该理念既是一个心里内部的过程，又是一个外部行动的过程。在这个过程中，教师进行了创造性的思考并使问题得到创造性的解决。

第二，反思性教学在探索中改进教学，使实践更加合理、有效。首先，在教学中，教师反思的目的是使自己的教学实践得到改善和提升，使教学更符合教学目的和教学规律，而事实上也是教师在朝着使自己的教学实践更合理的方向前进。因此，也就出现了这样一种说法，即不少研究者认为，引发反思性教学理念的原因是"人们通常假定，反思在本质上是教学与师范教育的好的和合理的方面，而且教师越能反思，在某种意义上越是好的教师"。由此，当教师极力寻求教学实践的合理性，对教学实践现象形成区别于以往的观念时，对教师来说，进行反思性教学是最好的选择。其次，在反思的过程中，由于反思型教师具有发现、提炼问题的能力，所以具体教学情境中的新问题被不断地发现。发现问题的过程也就是教师责任心不断增强的过程，在这个过程中教师根据具体情境反复调整教学，使教学更合理。反思性教学的这种螺旋上升的特性，反映了其对教学实践合理性永不停止的追求。进行反思性教学实践的教师明显区别于经验型教师，他们不仅能完成教学任务，而且会寻求更好地完成任务。经验型教师通常只对自己的教学结果感兴趣，反思型教师不仅对结果感兴趣，而且喜欢"追问"，寻求"为什么"，这种寻根究底的习惯有助于增强教师的问题意识，使教师对教学合理性的追求永无止境。

第三，反思性教学密切关注"两个学会"，即"学会学习"和"学会教学"。反思性教学中的"学会学习"是针对学生而言的，要求全面发展学生；而"学会教学"针对教师，要求教师在反思性教学实践中把教学过程作为"学习教学"的过程，获得进一步发展，最终成为研究型教师。由此，在反思性教学实践中，教师的"学会教学"是直接目的，学生的"学会学习"是终极目的。这主要在于教师会以各种理论为依据，如教育教学心理学、道德伦理学等，从预期性反思、即席性反思和回顾性反思等环节，就教学目的、教学内容、教学主体、教学工具和教学效果等内容进行全面的反思，循环往复，教师逐渐成为一个研究者，对自己的教学能够做到深思熟虑。只有教师不断地学会教学，才会有学生不断地学会学习，最终使二者有机融合。

第四，反思性教学以增强教师的"道德感"作为突破口。道德感以责任感为突出表现。进行教学反思一方面需要教师具有高度的道德责任心，另一方面教师的教学反思有利于教师道德责任心的养成。缺乏道德感的教师，只求照本宣科地完成教学任务，认为走出了课堂，教学任务就已完成。进行反思性教学实践需要教师具有道德责任感，并以此作为反思的突破口。因此，学校要提高教学质量，就要将对教师道德感的培养放在首位。要提高教师的道德责任感，反思不失为一种好方法。教师在进行教学反思的过程中，能不断地发现新问题，并寻求解决问题的策略，使自己的教学更符合教学目的及规律。教师在不断发现问题、解决问题的过程中，道德责任感也在不断增强。反思性教学既注重教师的教学技术问题，也不忘教师的教学伦理和道德问题。

第二节 英语教师反思的主要内容

一、对教与学主体的反思

主体是认识活动和实践活动的承担者。在认识与实践中，主体自始至终都有着清醒的主体意识，充分表现自己的主体性，发挥着积极的主观能动作用。主体驾驭着整个实践和认识活动。英语教学虽然不同于一般的认识活动，但它也有其主体，即教学主体。教学主体指的是在教学实践中确证了自己主体地位的人，其内涵表现为：①教学主体是现实的人。②教学主体是自己确证自己主体地位的人，而不是被"委任"为主体地位的人。主体与客体相互作用表现出来的主体属性即主体性。③教学主体包括个体主体与群体主体，是两者的统一体。群体主体性经由个体主体性的升华而形成。

（一）英语教学中的传统教学主体观及其弊端

在我国，由于受长期以来形成的教学理念的支配，以往的英语教学主要以英语学科为中心，并把英语完全作为传授知识的课程，而忽视了学生的主动性、创造性和自主性。学生的情感、个性等其他方面受到压抑，学生在英语实践中缺乏自信，语言应用能力差。

首先，在英语教学过程中只关注学生的认知层面，而忽视了对学生的兴趣、意志和情感等非认知层面的关注，学生因此可能丧失发挥学习积极性的动力。对全国大学英语四、六级考试的误解，使教师在教学过程中仅仅关注英语学科知识的教学，在教学过程中凸显英语学科知识的重要地位，导致学生整体、全面的发展要求无形中被弱化。部分英语教师只注重向学生传授知识，无视学生的兴趣与真实需要，忽视学生的情感需求。

其次，对学生认知层面的重视，导致在英语教学活动中过分关注教师对学生进行的英语语言知识的传授。在英语课堂的教学过程中，教师更重视知识的逻辑性、系统性和传授的技能、技巧，而没有顾及学生的英语语言实践活动，无视不同文化背景下的学生的真实体验、能力差异及学生的实际需求。英语教学过程成了学生被动接受教师所传授的语言知识的过程，也成了学生死记英语单词的过程。在这样的教学过程中，学生始终处于被动接受知识的地位，学生的主动性和自主性没有得到体现和发挥。受这种教育观念以及英语学科在我国的特殊性的影响，英语教师成为英语课的主要信息源，其占据了英语教学的主体地位并起着主导作用。教师完全代表已知，成为知识的化身、知识的传授者。在部分学生的心目中，教师是无所不知的学者，学生只有在教师进行教学的过程中才能学到知识。由此，英语教师就成为课堂中的绝对权威，这种情景下教学就被认为是学生被动接受知识的过程。此时的教学本质上是以教为基础展开的，学生只能跟着教师亦步亦趋地学习，复制和机械重复教师所讲的内容。这样做会使教师的思维代替了学生的思维，通常教师教多少，学生学多少；教师怎么教，学生怎么学。教代替了学，教师的语言代替了学生的语言，学生的学习主动权无形中降低。这样的教学方式，导致英语是被教会的而不是学生自己学会的，更无从谈起学生会学。教学的"双边活动"变成了"单边活动"。

总之，在这样的英语课堂教学中，师生之间成了二元对立的关系，学生的主体性被束缚甚至遭到压制，学生在此教学主体观念下失去了应有的活力，成了储存语言知识的容器。

（二）多元文化教育理念倡导的教学主体观

现代社会的多元文化特征对教学产生了深刻的影响，个性化教学成了现代教育发展的趋势，由此教育价值回归本位。与此同时，伴随着学生希望获得自身追求和个性特点全面发展的呼声，为社会培养具有个性的社会成员成了如今的教学目标。

个性是指个人所具有的特殊性，个性的外在表现形式为创造性精神。因此，培养具有创造性精神的个性是谋求个性发展的重要内容，反映在英语课程上就是要发扬人的主体性、主动性，反映在英语教学上就是教师和学生要同为英语教学过程中的教学主体。从认识方面来看，英语教学过程是学生的特殊认识过程。作为认识主体的学生具有可塑性和未完成性，其生命成长需要教师的积极参与。教师需要在学生学习和发展过程中充分发挥引导作用，教师是学生成长过程中的指导者。

根据多元文化教育理念，在多元文化教育中，教师不能把自己的文化作为垄断性文化。教师需要与学生展开多方面的合作，在与学生的对话中分享不同文化。教师应以对话的姿态出现在教学活动中，教师的身份是对话者。从社会学、文化学和哲学的视角来考察，"对话"大概有如下一些含义：①对话是一种双向互动的过程，是发生在人与人之间的交往活动。②对话是以民主、平等、理解、宽容为前提的，是一种生存状态。在对话中，改变了教学传统意义上的"我—它"之间人与物的关系，取而代之的是"我—你"之间人与人的关系。"我—你"关系强调"我们"的存在，与"我们"是平等的，实际上是对权力的消解。③对话是生产性、创造性、建设性的活动，而不是复制性、机械重复性的活动。对话过程是主体双方从各自的结构出发所达到的一种视界融合，是新知识与理念的生产与创造过程。

总而言之，多元文化教育理念下的教学是教师与学生的平等对话、相互交往、相互吸引、相互包容、相互启发、共同参与。在这个过程中，对话不只是一种认知活动，师生把经过对话形成的知识、经验、精神模式、人生体验等作为共享的生存资源，发展人的智慧、情感、意志、精神等各个方面，使每个人不断获得完善自身、自我超越的动力，不断使自己成为更优秀的人。教学不再是教师在课堂上传授知识和学生接受知识简单相加的过程，传统意义上的教学将渐行渐远，逐渐被教师与学生之间的相互教学取代。教师在教学过程中也扮演着学生的角色，通过对话的形式收获教学经验。学生在接受教育的同时也扮演了教师的角色，教师与学生形成了一个真正的互助体，促进彼此的成长。

对教学而言，对话意味着交往，意味着教学过程中人人都能获得平等地参与教学的机会，意味着双向互动，意味着师生之间能够进行协商性的意义建构。对学生而言，对话彰显其主体性的地位，意味着个性得到张扬、创造性得到充分发挥，意味着与教师深层次的精神上的交流。对教师而言，对话不仅仅意味着向学生传授知识，促进学生的学习，也是与学生共享知识、经验，从而不断完善自身、不断使自己成为人的过程。对话同时也蕴含着教师身份的变化，教师不再担任教学舞台上的主角，转而成为与学生进行平等对话的一员；教师不再充当知识灌输者的角色，转而成为学生发展的助手。学生在英语课堂中处于主体地位，这是由学生所具有的主体意识决定的。英语学科对学生所产生的教学影响作为外部客体，只有通过学生主体活动才能内化为学生主体的素质。学生在英语教学中的主体性体现在如下几个方面：

第一，对教师所施予的影响有选择性地接受。学生对教师所施予的影响，并不只是消极、被动地接受，而应以主体的姿态去主动思考和抉择，积极地作出反应。学生可能采取完全肯定和接受的态度，也可能采取批判和扬弃的态度，当然也有可能采取否定和鄙弃的态度。这就要求教师的教学要最大限度地适应学生的需要。

第二，学生学习的独立性。来自不同文化背景的学生，其各个方面，如学习的现有水平、制约学习的个性心理特征、学习的目标与追求及学习方式与策略等是各不相同的。

第三，学习的主动性。学生学习的主动性、自觉性是其主体性的本质表现。教师只有将学生的主动性这一最根本的内在潜能充分挖掘出来，教学目标才能真正实现。

第四，学生学习的创造性。学生是学习过程的真正决策人，他们完成学习任务的策略、具体的方式和方法、思路、对问题的看法等并不一定与教材、参考书及教师的预设一致，往往具有一定程度的创新，对此，在教学过程中，教师应合理引导与鼓励。

学生是学习的主体。每个学生都有自己的躯体、感官、头脑、知识和思维基础。学生要把人类积累的语言认识成果和经验转化为自己的精神财富，要把语言知识转化为自己的智力、能力和思想观念。而这些是必须通过自己的认识和实践才可能实现的，是任何人都无法代替的。教师无法代替学生去思考、去认知，无法代替学生掌握语言学习规律从而习得一门语言。因此，学生必须是英语学习的主体。

二、对教学目的的反思

（一）英语的教学目的

英语教学目标是对英语教学目的的具体细化与行为操作化的结果，它在英语教学活动中起着举足轻重的作用。

首先，英语教学目的是英语教学活动的导向者、调节者，制约着英语教学活动设计的方向。进行教学设计是有效实施教学活动的首要任务，而明确、具体的教学目标是进行教学活动设计的前提，这是因为所有教学活动的开展都是为了实现教学目标，教学目标是教学活动的出发点和归宿。同时，英语教学目标还控制着英语教学活动的实施。教学目标具体落实于教学活动的实施过程，它控制着整个教学活动的方向，引导教学活动朝向教学目标进行。

其次，英语教学目标为英语教学效果的评价提供标尺。在教学效果的评价中，教学目标起着标准作用，要开展科学的教学效果评价，必须具有详细的教学目标。英语教学目标具有明显的导向和控制功能，目标定得过高、过低或脱离学生的实际情况，都会影响教学的效率和效果。长期以来，由于我国大学英语教学受应试教学的影响，在课堂教学活动中，许多教师依然偏重英语语言知识的教学和对学生应试能力的培养，提高考试的及格率和优秀率似乎成了英语教学的终极目标，考试成绩也成了评价英语教学效果的唯一标尺。大学英语课堂教学活动在很大程度上游离于正常的英语教学目标和学生的真实需要，忽视了对学生进行英语语言知识之外的其他知识的教学和能力的培养，尤其忽视了对学生的目的语以外的其他文化意识的培养。如在英语教学中对中国文化及世界上非英语国家的文化及表达方式讲解得很少，甚至没有给予足够的重视。由此，学生难以正确认识中国文化与英语国家文化及与世界其他国家文化之间的差异和联系，很难正确处理不同文化之间的关系。学生缺乏多元文化意识和世界意识，要么完全接受英语国家文化，要么拒斥其他国家的文化。

（二）多元文化视角下的英语反思性教学目的

多元文化视角对英语教学提出了许多新的要求，其中之一便是要求进行英语教学的教师是实施反思性教学的反思型教师，要求设立英语反思性教学目的，从而在多元文化视角下有效地进行英语教学。因为英语教学目的偏向学生的发展，要求学生掌握英语语言知识，而英语反思性教学目的不仅使学生得到了发展，而且教师自身也获得了发展；不仅对学生掌握英语语言知识提出了要求，而且要求学生发展语言技能、培养文化意识、了解英美国家文化、了解中国传统文化和世界上其他国家的文化，形成多元文化意识和世界意识，以更好地适应多元文化社会生活的需要。本书对反思性教学目的作如下阐述：

1.反思性教学目的具有多维性

反思性教学目的不仅是要教给学生知识，教学生学会学习；还要教教师会教，学会教学，如善于发现、解决教学中的新问题。教师的学会教学是以学生的学会学习为出发点和归宿的，它是从根本上解决学会学习中的问题的重要手段。教师在实施反思性教学的过程中，不仅谋求更好地完成教学任务，而且通过教学，教师本人也能得到提高。否则极有可能只是在年复一年地以同样的方式重复教学工作，极易产生职业倦怠感，不利于教学。

2.反思性教学目的对教师与学生双方的激励性

反思性教学目的是教师与学生在教学过程中共同制定与完善的，对师生双方都有一定的激励作用。其中起激励作用的要素有二，其一是观念价值，它是教师与学生主观认定的教学结果，也是教学结果给师生带来的益处。教学结果越是能诱发和满足师生的需要，教学目的的价值越大。教学目的有至善价值，如促进师生道德品质的完善等；有启智价值，如发展师生的心理素质等；还有立美价值，如强身健体等。其二是期望值，它是教学目的本身蕴含的师生对教学目的转化成现实的教学结果可能性的信念。教学目的越有可能实现，期望值就越高，它主要受制于客观条件，如社会需要等；以及主观条件，如师生需要等。

3.反思性教学目的对教学直接结果与间接结果的关注性

进行反思性教学的工作者注重教学对社会的改造作用，他们借助师生发展的直接结果，为教师争取社会地位和权利，由此获取教师"启蒙""解放"的间接结果。

三、对教学模式与教学方法的反思

教学工作的有效进行既需要合适的教学模式，也有赖于恰当的教学方法，教学实践中很难将两者分开，但也不能将两者等同。教学模式是在一定的教学价值观念的支配下和教学理论的指导下，从大量的实践中总结出来的，为达到一定的教学目标而建立起来的相对稳定的教学活动的结构框架，在联系教学理论和实践之间起着中介和桥梁作用。合理的教学模式有利于教学活动的多样化，满足不同文化背景的学生的不同学习要求，促使教师更好地因材施教，促使学生的兴趣、特长、个性得到更好的发展。教学方法是在教学过程中，教师和学生为实现教学目的、完成教学任务而采取的教与学相互作用的活动方式的总称。教学模式不等于具体的教学方法，也不是多种教学方法的简单机械相加，而是相连于体系化的方法群。伴随科技的飞速发展与多媒体教学手段的兴起，教学方法也越来越丰富，这在客观上也为教学模式的方法选择提供了更广阔的空间。

（一）传统的英语教学模式、教学方法及其弊端

受传统的英语教学观念的影响，目前各高校沿用的英语教学模式依然是以班级为授课单位的课堂教学模式，课堂教学主要采取语法翻译法等方法，以教师进行讲解为主。以教师为中心的课堂教学是英语教学最初的教学模式。这一模式以形式语言学为基础，注重语言结构，把语言看作一套自治的语法系统，认为学生只要学会了语法规则，就学会了该门语言，就获得了使用该语言的能力。也正是在这一理念的支撑下，英语课堂教学以教师采取语法翻译法进行词汇、语法知识的讲解为主，分析语法结构，实行中英文互译。

该模式所具有的特点是：学生有固定的教师，学校按教师的业务专长和工作能力分配教学任务，教师对所教学科全面负责；有指定的教材，教师根据教材向学生传授统一的内容；有固定的上课时间，有统一的教学日历，有统一的作息时间表；具有假定的统一起点层次。此教学模式的特点使其本身具有不少优点，如既便于教师实践操作，也利于教师统筹管理；便于组织安排和监控教学活动、教学内容和教学进程，充分发挥其教学主导作用；利于节约教学资源，简化课程设置和教辅工作。

与此教学模式相应的主要的教学方法——语法翻译法，有利于学生在较短的时间内获得较为全面、系统的语言知识，尤其是词汇、语法等知识，并把知识教学、思想教育和发展智力三者有效地结合起来，使之融为一体，相互促进。但是，社会的发展、时代的变化使该教学模式及其教学方法存在的不足和弊端暴露无遗。

首先，就英语课堂教学模式来看，它把课堂教学完全置于教师的控制与主宰之下，教师成了课堂的中心，片面夸大了教师的作用和地位，由教师决定教学内容、教学结构、教学方法及进度，在教材、教学要求、进度等方面实行统一要求；而没有从学生学习的角度考虑问题，没有做到因材施教，没有考虑来自不同文化背景的学生有不同的心理禀赋、认知策略、学习形式、思维方式等文化个性，忽视了学生的学习主体地位和作用。在教学过程中常常出现用教师的语言来代替学生的语言、用教师的行为来代替学生的行为、用教师的文化来取代学生的文化的情况，从而使学生缺乏自主性和积极性，始终处于学习的被动状态。

其次，就教学方法来看，传统的英语教学采用以教师讲解为主的教学方法，如语法翻译法、听说法等。从教师的角度来看，它是一种传授的方法；从学生的角度来看，它是一种接受性的学习方法，这种方法的单独使用极易使学生在学习过程中处于被动接受的地位。在教学过程中，该方法强调教师对学生的英语语言的输入，而轻视对学生的英

语语言输出能力的培养。这有悖于语言的强实践性特点，而且导致课堂上教师"一言堂"和"满堂灌"的现象；重视对学生的语言知识的灌输，而忽视对学生的语言应用能力、文化意识等其他方面的能力的培养。

总之，传统的英语教学模式和教学方法是一种保姆式的教学方式、方法，阻碍了学生的个性化发展和自主性能力的培养，不利于学生的创新思维和批判性思维及能力的培养与充分发展。

（二）多元文化视角下英语反思性教学倡导的教学模式和教学方法

当今社会是一个多元文化的社会，多元文化视角对英语教学提出了新的要求，要求英语教学既要全面发展学生，又要发展所有的学生。在多元文化视角下，英语教学不仅注重学生对系统的语言知识和技能的掌握、文化意识能力的形成，而且要求发展学生的创造性、批判性思维能力，促进学生个性化学习方法的形成和自主学习能力的发展，从而使学生获得全方位的发展。

多元文化视角要求英语教师以学生的不同文化如民族文化、地域文化、性别文化、阶层文化等背景为依据进行教学，实行因材施教（此处所依之"材"并不完全是学生个体的个性，更多是通过学生个体所表现出来的其所属群体的文化的个性），从而使不同文化背景的学生在学校课堂上得到平等的学习机会，获得均等地享受学业成功的机会，实现教育上的平等，最终使所有的学生都得到发展。

人类学与跨文化心理学的研究表明，文化经验可以影响人们获取知识和表达知识的方式，不同文化背景的学生在认知方式和学习风格方面存在一定的差异。所以，要发展所有的学生，教师必须研究学生的不同文化背景，做到因材施教。而要满足这些教学要求，实现这些教学目标，有效地进行大学英语教学，仅有传统的以班级为授课单位的课堂教学模式和以教师讲解为主的教学方法是无法做到的，还要借助个别化教学模式的优势，实行两者的优势互补，即运用英语反思性教学所倡导的教学模式和方法：构建个别化教学与以班级为授课单位、以教师讲解为主的课堂教学互补，以班级为授课单位、以教师讲解为主的课堂教学包容个别化教学，个别化教学支持以班级为授课单位、以教师讲解为主的课堂教学的多种教学模式并存的格局。此处对适合于英语教学的个别化教学模式作如下简要说明：

1.凯勒制

凯勒制又称个别化教学系统，大致做法如下：首先，在每单元学习开始的时候，学生有机会听教师介绍学习方法，并收到单元学习指南；其次，学生可根据自身的文化经验选择学习地点与时间，自定学习进度，自学教材；再次，每一单元结束时，要进行评价，通过评价后，方可进行新单元；最后，由教师和学监（优秀学生，可以帮助学习较差的同学学习）考核单元成绩。该个别化教学的主要特点是学生自学与"小先生制"统一起来。

2.非指导性教学

此个别化教学模式是以人本主义心理学为依据进行设计的。首先，教师创设一定的情境和氛围，鼓励学生说出自己的内心体验；其次，学生在教师的支持下，在班级讨论活动中领悟道理；再次，学生提出计划，在教师的帮助下，商讨计划，共同确定；最后，逐渐融合，教师激发学生的积极性，引导其深入思考问题。非指导性教学的特点是学生参与教学目标和学习方法及进度的确定，促进了以学生为学习中心的教学。

3.学习合同

学习合同是一种与独立研究结合的个别化教学模式，其关键在于学生自我指导性学习。学习合同主要有四个方面的内容，即学习目的、学习资料和战略、完成学习的证明、证明的标准与手段。步骤为：学生自拟一份学习合同交给教师，与教师讨论，直至达成共识，学生按合同进行学习；学生自定学习形式；学习结束后，根据合同规定的方法和标准进行学习效果的评定。

4.计算机辅助教学

该教学模式是个别化教学模式，主要以现代信息技术，特别是网络技术为支撑，使教与学可以不受时间和地点的限制，朝着个性化和自主学习的方向发展。这种个别化教学模式的初衷是发展学生的个性，帮助英语教师因材施教，在实际的教学中确实取得了一些效果，但也有不足之处。

首先，从教学目标上看，个别化教学多以知识技能的获得为着眼点，忽视了情感等的教学，反而有碍于个性的发展。

其次，关于教学活动，有的个别化教学没有根据学生的不同文化背景选择教学活动形式，忽视了学生学习风格、学习形式等的差异，从而不利于某些学生个性的发展。

最后，至于学习速度，学生自定步调意味着每个学生同时处在不同的学习点上，而实际上学生都需要教师的帮助，由此出现教师忙乱不堪、学生遇到学习困难时"坐以待援"的情况，从而影响教师与学生的情绪。

传统的以英语教师讲解为主的课堂教学模式与个别化教学模式各具优缺点，均不能单独胜任多元文化视角对英语教学提出的要求。经过反思，反思型教学工作者将以教师讲解为主的课堂教学模式与个别化教学模式相结合，形成两者之间的优势互补。两者相结合形成的教学模式的主要形式较多，如交错法、学生小队成绩分阵制、小队游戏竞赛法、合作的个别化教学、群体探索法等。该模式能够很好地满足多元文化时代国家和国际社会对英语人才的语言综合能力以及创造性、批判性、自主性、多元文化意识性等各方面的需求。此处主要基于计算机和课堂的英语教学新模式进行介绍。

本模式强调个性化教学和自主学习，帮助个体学生反复进行语言训练，结合教师课堂讲授和辅导，使学生可以在教师的指导下，根据自己的认知能力、理解能力、学习风格、习惯、时间等选择合适的学习目标、学习内容、学习方法和学习进程，以达到最佳学习效果。在学习过程中，重视教师的面授辅导作用。教师的面授辅导可以以小组形式进行，以检查学生的自学效果，根据学生的学习情况给予个性化的学习策略和自主学习能力的培养的指导和帮助。这样，学生既可学到系统的语言知识，又可发展自主学习能力，形成创新意识、批判性思维，有利于学生的全面发展。同时，也有利于教师因材施教，使所有不同文化背景的学生都得到发展。

该教学模式的构成情况如下：教学对象是学生，教学内容是听、说、读、写、译，教学环境是计算机和课堂教学，教学方式是学生自学与教师辅导和面授，教学组织者是教师。主要程序是：

首先，新生参加基于计算机的初始测试，以确定起始学习级别，如一级、二级、三级。

其次，教师根据学生测试结果，通过管理系统为每个学生定级、设定账号，学生根据教师的安排开始学习课程。当学生的学习进行到一定程度时，参加由教师设计的网络单元测试，测试合格就可以继续学习下个一单元，如成绩不合格则须返回本单元重新学习，直至合格。

最后，当学生已学到应该接受辅导的那个单元时，学生接受面授辅导，在教师为特定学生进行个性化的面授辅导之后，可通过口试或笔试来检测其上机学习的效果，然后决定学生是否辅导通过。如学生通过，则其可接着学习下一阶段的内容；如学生没有通过，教师则根据具体情况要求学生返回重新进行学习，直到通过教师的面授辅导为止。

四、对英语课堂教学评价策略的反思

英语课堂教学评价就是借助于一定的方法、手段对教学过程以及学生的学习效果、目标达到等方面作出价值判断的过程。英语课堂教学评价是教学工作的重要组成部分，是教学过程中必不可少的环节。它是英语课程实施的保障，可以提供教学的反馈信息，以便教师改进教学方案、教学实践，保证教学目标的实现。它直接影响英语教师教的积极性和学生学的主动性，当然，还不可避免地影响着与教学相关的其他教育活动。而这一切是与其所具有的基本功能分不开的，甚至可以说是由课堂教学评价的基本功能决定的。英语课堂教学评价具有以下主要功能：

（一）反馈功能

英语课堂教学评价应当提供给教师和学生教学目的达到度、教学设置合理性及教学方法有效性等信息，这些信息是教师和学生对自己的课堂教学行为进行评价的依据。肯定性的评价一般会对师生的教与学起到鼓励作用，使他们获得心理上的满足，从而强化其教学的积极性。否定性的评价往往会使师生感到焦虑，使师生意识到教与学中的薄弱环节，意识到现有教学行为与预期目标之间存在的差距，从而根据获得的信息对教学工作进行必要的修正、调整。

（二）评判功能

英语课堂教学评价是对教师讲课和学生学习结果的评价。这种评价可以作为教育行政部门评价教师工作质量的依据，教学管理人员可以通过其了解教师的施教情况，发现教学工作中的问题，研究解决问题的对策，以提升教学。这种评价也是对教师阶段工作的一个小结，在必要的时候可以作为教师从业的依据，也可以作为教师职位调整、学校人员变动的依据。再者，对学生学习结果的评价是学生升学和上级学校选拔新生及用人机构录用工作人员的基本依据。

（三）促进功能

英语课堂教学的有效、高效，有赖于教师与学生教与学的积极性，而公正的课堂教学评价对提高教师与学生的积极性具有重要的作用。因为教师与学生在课堂上所要实现的目标在某种程度上是由评价所导向的,目标所具有的价值深深地吸引着广大师生,引导他们朝着这个目标努力。而且,公正的教学评价为师生提供了安全的公平竞争的氛围,为人们乐于参与竞争打下了良好的基础。

以上所述都是针对操作性教学评价而言的。操作性教学评价虽有不少可取之处,但随着时代的发展,尤其是当下时代所具有的多元文化特征,社会对教学提出了新的要求,要求课堂教学评价更具"人性""人文性",从而显示出操作性教学评价的一些不符合时代要求的缺陷,尤以其定量化、客观化等标准为最。因此,在多元文化视角下,反思型英语教师在进行英语课堂教学评价时,不仅采纳了操作性教学评价标准的优点,而且在此基础上对其作了适当的补充和调整,使其既具有科技理性,又具有人文性,从而使合理性、多元性的特点体现在英语课堂教学评价中。

首先,把科学评价与人文评价融为一体。在以技术、科学为标准能进行公正、客观评价的情境下,反思性英语课堂教学评价基本上与常规性英语课堂教学评价相同。表现为:对评价标尺的从严把握;减少人的情感和价值观及手段等主观因素的影响;明确合理的评价程序。但是,当今时代、社会所具有的多元文化特征,对课堂教学评价提出了新的要求,要求尽可能以一种文化公平的方式建构,必须应用多样化的评价方式,测量的范围也应兼顾学习的多个方面,以体现人文性。为了迎合时代的要求,反思性教学强调在不适合客观评价的环节,对教学进行评价时可以采用更为人文性的方式、方法,把对教学所进行的事实判断和价值判断结合起来进行评价。这种评价不仅强调客观事实的重要性,而且参与评价的人与被评价的人的主观因素,如教师与学生的责任感也在其中扮演着重要的角色。但是,这些主观因素并不是人们认为的那种可随心所欲的因素,它以客观事实为基础,反映了主体的理智程度与客观精神。比如讲故事等方法也可用于反思性教学评价中。因此,对于比较成熟的教学评价者所做的评价来说,即使是人文评价,也具有一定的客观性。

其次,坚持定量评价与定性评价两者的有机结合。在技术理性的强烈影响下,操作性教学评价发展到当代,较为推崇自然科学所使用的定量的评价方法。虽然这种做法有利于改变长期以来形成的人们单独使用定性的方法对教学进行评价,但是操作性教学对定量评价的过分推崇,使其走上了另一个极端,没有顾及教学过程中的"人性",致使其难于解释教学过程中的一些较隐晦的现象,如学生的认知能力、理解能力、逻辑判断能力与逻辑思维能力等因文化背景的差异而有很大的不同。因为定量评价必须在数学语言的帮助下才能完成,数学语言虽具有极大的精确性,但无力说明一些非数学现象,如学生所具有的文化特征等文化现象。因此，对于教学，尤其是在多元文化视角下进行的英语教学中所出现的比较复杂的情况，在使用定量评价的同时，还需要用定性化的语言进行评价，不仅要给出分数，更要说明分数后所蕴含的文化内容，即用评语进行描述。

第三节 英语教师教学反思的主要形态和方法

一、英语教师教学反思的主要形态

内容和形式的复杂性，时间与空间的具体性，决定了反思性教学实践形态的丰富性。美国哲学教授萧恩按照教学过程将反思性教学划分为对行动的反思和在行动中的反思。反思性教学是教师发展的一个技巧。教师通过自己的课堂教学提问进行反思，收集教学的数据，审视自己的态度、观点和教学实践，以这些信息为基础进行批评性反思。布鲁巴克从时间纬度把反思性实践分为三类，即对实践反思、实践中反思和为实践反思。后经发展，这些形态演变为预期性反思、即席性反思和回顾性反思。

（一）预期性反思

预期性反思发生在教学实践前，就英语课堂教学过程的主要环节而言，预期性反思主要表现为备课环节的反思。备课是英语教师为上课而作的准备工作，是教师有效上课的前提。但有些教师是这样对备课进行定义的：备课就是教师临近课前借助教学参考书对教学过程进行设计，并以文字的形式进行表达，最后以教案的形式呈现的一个过程。此种备课方式忽视了对文本、教材的深入研究，忽视了对不同文化背景的学生的兴趣、爱好、认知方式、实际水平等的研究。对教学方法等的选择，较少以由于学生文化差异所形成的不同学习风格、学习形式为依据。这种课前临时、粗糙的备课方式是较难在多元文化视角下进行有效教学的，不利于学生正确文化观的形成，不利于学生的发展。

目前，大多数英语教师在备课的过程中存在两大方面的问题：一是直接使用教学参考书上别人编写好的教案，教案中的思维纯粹是编写者的思维，教师自己的创意没有得到体现，教案中没有体现所工作的单位、所教学生的详情；二是教师原有的教学经验的作用在备课的过程中被过度夸大，有的教师甚至完全依赖以往的教学经验，而没有注意到经验的时效性及在多大程度上所具有的迁移性，完全依赖以前在教学过程中所形成的经验对教学进行设计。要解决这些问题，教师需要在备课时对自身的教学经历进行审慎思考、分析，反思以往课堂教学中的成与败，从而使反思后的教学方案更具合理性、有效性，最后达到提升课堂教学效果的目的。

预期性反思指的是教师以英语教学实践中的经历，如成功的经验和失败的教训及当下的教学愿望为依据重新考虑应该教什么、怎么教和为什么教。教师在上英语课前，应明确自己的教学目标、教学内容和教学方法，要清楚教学中的重点和难点，要了解所教的学生，预测学生在学习时可能遇到的困难，了解导致学生差异的文化因素，对课堂中准备使用的教学策略要周密安排。对于教学过程，教师要清楚本节课应采取什么样的方式、如何导入，要知道依据不同文化背景的学生的不同学习形式而采用不同的教学方式以及设计不同的教学活动。在课堂教学前，教师可以采取一定的方法培养学生学会学习的能力，可以根据所要教授的教学内容提出一些问题，让学生在课前预习的过程中进行思考。在这个过程中，学生要查阅大量的资料，这些资料既有教材内容也有来自教材以外的信息，如网络上的信息等。这个过程不仅将课堂拓展到了课外，也能使学生形成自主学习的能力。在课前，教师可对自己进行提问，就两个方面进行问题清单的制定，即教学实践主体方面和教学活动方面，如教师对自身的认识（我是什么样的教师？），对不同学生的学习兴趣、特征、能力等的了解情况以及对自己所制定的教学目标、所使用的教学方法的明确性，课堂中可能出现的问题以及教学的预期性结果等。教师以教学过程中的真实情况为参考，对所制定的清单上的问题一一给出解决的方案，并对其进行审视、反思，从而调整自己的课堂教学，提高教学效果。

（二）即席性反思

即席性反思是指在英语教学过程中，通过对学生的学和教师的教进行即时评价，对教学行为作出符合实际要求的改变，从而实现对教学实践过程的合理控制。在即席性反思阶段，教师的反思主要集中在借助所提供的反馈信息对教学目标的实际实现状态进行即席性反思。比如对所采取的教学方法的合理性、对教学内容组织及呈现方式的合理性、对待学生的态度等进行调控。

在多元文化视角下进行英语教学，在课堂上，教师应反思所选择的教学方法是否顾及因学生的文化背景差异而导致的学生学习形式的不同，以及是否有根据学生不同的文化背景开展教学活动，发展起他们的概念图式，使他们有意义地进行学习；在课堂上，教师应反思对教学内容的解释与举例是否顾及文化的多样性和差异性，是否对所有的学生持有较高的期望。在教学过程中，教师应以此为依据对教学策略进行调控，使课堂教学有效地进行。教师还应关注学生反应方面的变化，采取能吸引学生注意力的教学手段，使学生集中精力，激发学生学习英语的动机以及学习的兴趣，而且对于课堂上出现的突发事件做好充足的准备。

在教学过程中，教师不仅要关注学生的学习活动，使学习得以顺利进行，同时也要对与自己的教学过程相关的方面，如教学方法等保持反省意识，根据反馈信息调节自己的教学活动，以保证课堂教学有效、高效进行。在教学中，教师与学生之间还经常借助语言和体态语言进行交流，在使用这类方式进行交流的时候，教师一定要学会反思自己，对学生在课堂上的反应所作出的判断及评价以及由此作出的教学调整是否符合教学规律等。教师必须以自己对待多元文化的正确态度去影响学生，经常变换鼓励学生的方式，可以是语言的，也可以是非语言的。教师对师生之间的关系要保持高度敏感，发现沟通中出现的问题，要及时调整和修正。

英语教师可以采用课堂录音或录像的方法，提高即席性反思能力。通过录音，教师可以获得有关自身语言、学生语言等方面的详细情况，如汉语和英语的运用情况，学生话语的流利程度和准确性等。通过录像，教师可以获得许多细节资料，如面部表情、手势、动作、对话、不同学生的反应等，从而可以从多个视角对自己进行审视，实现对自己的整体性认识；还可以通过教学专家对英语教师的教学进行课堂实地指导的方式，使教师学会对课堂教学进行有效调节，以利于学生发展。具体表现为教学专家为教师的课前准备、课中教学、课后反馈提供建设性意见。

（三）回顾性反思

回顾性反思是教师对全部英语课堂教学过程与效果进行的研究性概括、总结性思考，如教学方法是否正确，是否有注意根据学生的不同文化背景因材施教，是否有注意语言的实践性特征；课堂结构是否合理，学生在学习过程中，在原有的基础上取得了哪些进步，此次教学是否达到了预期的教学效果，教学预期与教学结果有多大的差距；学生在习得一定的语言知识等的同时是否掌握了学习的方法，在课堂中碰到什么困难以及教师是怎样帮助其解决的，课前的教学计划存在哪些欠妥之处；等等。回顾性反思通常通过以下两个方面实现：

1. 对课进行评价

英语教师通常可以采取以下方式获得对自己的课堂教学最为真实的评价，如教师同行、教学专家及自己所教的学生对课堂提供的反馈信息和自身的教学经历。这些评价信息对于教师进行教学反思、选取合适的教学方法和教学模式、合理引导学生的学习、有针对性地解决教学中存在的问题、有效地调控后续教学，具有重要的意义。

2. 对课进行小结

课后小结是英语教师在评课基础上的深层次的反思。英语教师课后进行小结有利于发现、明晰、提炼教学问题。课后小结是教师进行自我反馈的有效手段，而发现、提炼教学中的问题，是实现反思性教学的首要任务。教师课后进行小结的方式有教后记、教学心得、教学随想等。这种小结是教师对课堂教学最真切的感受和反映，如课后对教学目标是否明确、制定是否合理、教学是否从学生的不同文化背景出发、是否依学生的不同学习形式等特点制定不同的教学方案等方面进行总结和思考。这种分析有利于英语教师提高以后的备课质量，使教学设计更倾向合理；有利于教师有针对性地进行教学，对于教学过程中所选用的教学方法感受更深；对于教师成功的教学经验的形成，教师教学水平的不断改善，教师独特的、带有新质特点的英语教学风格的形成也大有裨益。

二、英语教师教学反思的主要方法

对于英语教师来说，在目前的多元文化时代背景下，必须学会主动地对自己的教学实践进行反思，而要进行有效反思就需要主动去了解、运用教学反思的基本方式、方法，以便积极地探究、寻找新的教学理念。新的教学策略用以解决在多元文化视角下进行的英语教学所遇到的问题，是提高多元文化时代英语教学效果、促进英语教师自身专业发展的重要且有效的途径。英语教师进行教学反思的路径和方法多种多样，教师可根据各自的条件采取不同的方法，以下探讨几种常用的路径、方法：

（一）教学日志

教学日志是教师将教学中甚至教学理念中随时出现的记忆最深刻、对自己有意义的事件（如问题、经验、体会）等进行总结和分析，并记录下来的一种方法。

通过撰写教学日志，可以及时、生动地再现教学活动事件，使其不因记忆的时限性而被遗忘。教师可对自己的教学活动进行不断的分析、回顾和研究，以改进自己的教学活动，提高自身的反思能力。一般而言，教学日志不仅仅是罗列教学生活事件，而是通过这些事件，让教师更多地了解自己的思想和相关行为，给自己提出一些问题。通过撰写教学日志这种方式，教师可以定期回顾和反思日常的教学情境。在回顾和反思的过程中，教师可以不断加强对教学事件、问题和自己的认知方式与情感的敏锐洞察力。教学日志的内容可以包括具体事件的描述记录，如对课堂突发事件的处理、师生之间的对话、教学计划与教学实际效果的差距分析、学生的问题等。也应有对教学工作甚至自身教学理念中出现的问题进行深入分析，并积极寻求解决的对策，如自己在教学中的偶然感悟，对某种教学理念的感悟等。教学日志中可以记录这样的问题：作为语言教师，我的教学观点从哪里来的？我应该如何面对课堂中不同文化背景的学生？我应该如何处理英语语言课堂教学中的文化教学？教学日志虽易于完成，但为了使其更有效地发挥作用，教师在撰写时应注意如下几个方面：

1.多读书，勤于思考

教师应结合自己的工作，多读书，不断学习教学理论，了解优秀教师的教学经验，提高理论修养。同时，教师要对那些日志中能引发自己思索的事件勤于思考，具有问题意识，进行有效的反思，促进自身专业发展。

2.重视日常观察，及时记录

教学日志的撰写始于认真观察。因此，教师要培养自己敏锐的观察力，养成善于观察的习惯，同时，要掌握一定的观察方法，发现教学中的重要问题，在此基础上尽早地记录，哪怕只是只言片语也要及时记录，以免遗忘。而且，教学日志的撰写一定要持之以恒，坚持不懈。

3.将描述性记录和解释性记录相结合

通常而言，撰写教学日志时要将事件记录和事件分析结合起来，既有描述性记录，又有解释性记录。描述性记录是依据教学事件发生的先后次序对其进行的描述，而解释性记录通常有感受、解释、创见、思索、推测、预感、对自己假设的反思等。解释既会在写下经验的当时产生，也会在日后产生。解释性记录可以由一个短句或几个短句构成，也可以由一个段落或几个段落构成。

（二）录像

随着科技的发展，人们借助录像的方式进行反思性教学已较为普遍。课堂整个过程或某一环节进行课堂录像，可以重现课堂情景，记录真实而生动的信息，捕捉到很多其他方法捕捉不到的细节，如面部表情、手势、动作、对话、不同学生的反应，对不同性别学生的提问次数、汉语和英语的使用情况等。由此，在课堂结束以后，教师通过仔细审视、分析自己的课堂教学录像，能够较完整地看到自己的教学状态；能清楚地了解自己成功教学的一面，也可以发现自己课堂上的一些问题；有利于培养教师自身对特定教学情境的自我意识的能力，触发教师的反思性思维。教师可以通过以下问题对英语课堂教学录像进行分析，即教师的教学目标是什么？是否关注学生的多元文化意识的培养？教师在教学中扮演了什么样的角色，是知识的传授者，还是活动的组织者？学生有兴趣吗？课堂上学生语言实践的时间多还是教师讲解占用的时间多？教师提问的男女同学的比例如何，是男生多还是女生多？课堂的语言使用情况怎样，是汉语为主，还是英语为主？汉语的作用如何？教师的教学方法如何？因学生的不同文化背景而因材施教还是用统一的施教方法？值得注意的是，通过观看、分析教学录像可以帮助教师发现自己在教学中存在的问题并启发教师教学应朝哪个目标进行。

（三）问题清单

教师可通过对课堂教学和课后教学经验进行自我提问，制定问题清单。自我提问是教师站在一个审视的角度反问自己的教学理念的过程，是教师进行自我观察、自我评价、自我调节的重要途径。根据自我提问而确定的问题清单的内容不仅包含教师进行合理教学时的经验，更重要的是包含教师课堂教学中存在的不合理的部分。学生的困惑、教师在教学内容和教学方法等方面的疑虑，以及教师在教学理念等方面存在的问题，需要教师在制定问题清单时记录清楚。如在课堂上，教师为何没有处理好对来自不同文化背景的学生的不同反应？进行语言实践时为何有些学生缺乏兴趣？课堂上为何忽视了对学生的多元文化意识的培养？为何许多学生没能掌握本应在课堂上掌握的语法知识？本堂课的不合理之处表现在哪里？等等。问题后最好附加教师对问题的解决方案或体会、感悟等，以方便以后使用。

（四）反思经验的交流

反思不是教师的个人行为，而是集体的劳动和智慧。因为教师的成长与发展离不开同行的关注，而旁观者的感受与判断更有利于教师清楚地了解自己，而且教师在一起讨论时，可以了解彼此的经验。因此，教师之间的反思经验的交流，深受教师们的欢迎，并且在讨论与交流的过程中极易产生思想的火花。交流反思经验可以通过以下几种方式实现：

1.教师访谈

教师访谈也称为教师与教师之间的对话，就是对某位教师的实践及内隐理论的检查与反思，另外一位教师不时地对他的实践及内隐理论予以专心及支持性的关注。在教师之间的对话中，教师们获得了下列机会：对教学进行反思，并把其作为艺术品来欣赏，从教学压力中获得一些放松。在访谈时，应该主要关注与课程有关的问题，如情境、教学设计、教与学的过程等。要打开谈论的话题，可以让教师描述一天的教学，而且访谈的问题以开放的、个人化的、具体的为佳。进行访谈时，可以采用两种方式记录，即对访谈进行录音并准备一个手抄本，也可以通过记笔记的方式对访谈进行记录。访谈记录时应记下教学实践中的详细情况。

2.参与式观察

参与式观察指的是参与其他班级正在进行的课堂活动，观察学生和教师的活动、对话，使用的教学工具，课堂发生的事件，等等。需要注意的是，参与式观察的重点在于"参与"，只依靠英语教师的"观察"是远远不够的。也就是说，英语教师只有参与到课堂正在进行的教学活动过程中，参与式观察对教师的教学反思才能起到一定的作用。要使参与式观察顺利实施，必须找到合适的合作人，教师最好寻求这样的合作人，即该教师乐意在组成的教学情境中共同工作某段时间，而且在共同工作的过程中，彼此都感到身心愉悦。同样，通过到同事的课堂中作为参与式观察者，教师也有可能学到许多与其自身实践有关的东西。参与式观察人员被确定之后，教师应该与其同事或教学研究者进行交流，告诉观察者自己在教学时存在的困惑、难解的问题，告诉观察者需要的信息以及这些信息的作用，让观察者尽可能多地记录教学实践中的细小情况及观察者自己的活动变化，根据课堂教学记录资料指出教学实践中需要改进的方面，提供丰富的反思资源。为了使参与式观察实现其本身所具有的功能，观察者需要掌握一些主要的、有益于被观察者评论的原则。观察者可以根据自己的教学经验对被观察者的行为、活动给出一定的评判意见，给被观察者提供在出现同样的教学情形下所采取的可能的改进措施，而不应是提供现成的答案。而且在对课堂教学进行评价时，在对其中所发现的问题提出解决方案时，要尽可能针对提出的问题，尽力避免含糊不清、模棱两可的话。参与式观察结束后，要与被观察的教师一起讨论所记录的资料，并对其进行反思，实现从中获益。

参 考 文 献

[1]蔡卫华. 大学英语阅读课程资源开发利用的实践与研究[D]. 内蒙古：内蒙古师范大学，2013.

[2]蔡朝晖. 浅析大学英语教学中语言模因与认知隐喻[J]. 北华大学学报（社会科学版），2013（04）：138-140.

[3]曹静. 英语听力策略教学的行动研究[D]. 重庆：重庆大学，2015.

[4]柴媛媛，刘嫣. 文化思维负迁移与大学英语教学探究[J]. 鄂州大学学报，2015（12）：67-69，72.

[5]翟禹楠. 大学英语写作教学中同伴反馈的有效性研究[D]. 哈尔滨：哈尔滨师范大学，2019.

[6]丁睿. 大学英语教学发展研究[M]. 长春：吉林人民出版社，2019.

[7]范菲. 课程思政在大学英语教学中的探索：新时代传媒艺术类本科院校英语教学新要求[J]. 科教文汇，2020（12）：184-186.

[8]方燕芳. 英语思维与英语教学[M]. 成都：电子科技大学出版社，2017.

[9]郭岩. 大学英语课堂教学研究[M]. 北京：光明日报出版社，2016.

[10]何超群. 基于英语语音对比的听力教学研究[M]. 北京：煤炭工业出版社，2017.

[11]胡艳丽. 混合式教学模式在高职院校英语听力教学中的整合运用分析[J]. 海外英语，2021（6）：245-246.

[12]黄芳. 新时代下高校英语阅读与词汇教学研究[M]. 长春：吉林人民出版社，2019.

[13]黄儒. 大学英语教学模式研究[M]. 哈尔滨：黑龙江教育出版社，2018.